U0459452

高校体育教学与球类运动训练实践

于洪涛　曹晓明◎著

吉林出版集团股份有限公司
全国百佳图书出版单位

图书在版编目（CIP）数据

高校体育教学与球类运动训练实践 / 于洪涛，曹晓明著 . -- 长春 : 吉林出版集团股份有限公司 , 2022.11

ISBN 978-7-5731-2810-2

Ⅰ . ①高… Ⅱ . ①于… ②曹… Ⅲ . ①球类运动－体育教学－教学研究－高等学校 Ⅳ . ① G840.2

中国版本图书馆 CIP 数据核字 (2022) 第 231753 号

高校体育教学与球类运动训练实践

GAOXIAO TIYU JIAOXUE YU QIULEI YUNDONG XUNLIAN SHIJIAN

著　　者	于洪涛　曹晓明	
责任编辑	蔡大东	
封面设计	李　伟	
开　　本	710mm×1000mm	1/16
字　　数	200 千	
印　　张	12	
版　　次	2023 年 3 月第 1 版	
印　　次	2023 年 3 月第 1 次印刷	
印　　刷	天津和萱印刷有限公司	

出　　版　吉林出版集团股份有限公司
发　　行　吉林出版集团股份有限公司
地　　址　吉林省长春市福祉大路 5788 号
邮　　编　130000
电　　话　0431-81629968
邮　　箱　11915286@qq.com
书　　号　ISBN 978-7-5731-2810-2
定　　价　72.00 元

版权所有　翻印必究

作者简介

- -

于洪涛（1977-），男，毕业于山东师范大学体育教育专业，2022 年 7 月进入烟台南山学院从事体育教学工作。

曹晓明（1985-），女，山东龙口人，2003 年毕业于山东师范大学课程与教学论专业，2011 年 3 月进入烟台南山学院从事体育教学工作。

- -

前　言

　　学校体育是教育的重要组成部分，随着社会的发展进步，国家对人才的培养愈加重视。高校学生作为未来国家的建设者，必须是拥有强健体魄和广博知识的全面型人才，这就要求他们在掌握社会科学知识的同时，还必须培养各项体育运动的能力，这是我国建设体育强国的要求，更是社会发展的需要。

　　教育是体育最基本的派生功能，就其作用的广泛性而言，它对人类社会产生的影响，是体育的其他社会功能所无法比拟的。在体育运动项目中，球类运动在大学生中有着深厚的基础，受到广大高校学生的欢迎与喜爱。但是，在目前的高校球类运动中却存在着诸多问题，很多大学生对于球类运动的基本知识不够了解，缺乏科学的球类练习方法，对某些动作技术的掌握不规范，战术运用不恰当。这些问题使他们无法达到理想的锻炼效果，难以获得愉悦的精神体验，成为制约高校球类运动发展的消极因素。

　　本书第一章为高校体育教育概述，主要包括体育的起源和发展、高校体育教学的功能与目标、高校体育教学的理念和原则等方面内容。本书第二章为高校体育教学理论，主要介绍了高校体育教学课程理论概述、高校体育课程与教学目标、高校体育教学价值观与目标思考三个方面的内容。本书第三章为高校球类教学理论与方法，对高校球类教学理论与原则、高校球类教学内容与方法以及高校球类教学文件的制定三个方面进行深入的研究。本书第四章为三大球类运动的训练方法与实践，第一节为篮球技术、战术和体能的训练；第二节为足球技术、战术和体能的训练；第三节为排球技术、战术和体能的训练的方法与实践。本书第五章为小球类运动的训练方法与实践，第一节为高校体育网球运动与训练；第二节为乒乓球技术、战术和体能的训练；第三节为羽毛球技术、战术和体能的训练。

在撰写本书的过程中，作者得到了许多专家学者的帮助和指导，参考了大量的学术文献，在此表达真诚的感谢。本书力求内容系统全面，论述条理清晰、深入浅出，但由于作者水平有限，书中难免会有疏漏之处，希望广大读者与同行及时指正。

于洪涛 曹晓明

2022 年 8 月

目 录

第一章 高校体育教学概述

高校体育是高校教育的重要组成部分，结合了美育、智育和德育，是有目的、有计划、有组织的教育过程。各类体育项目有利于学生强身健体，提高学生身体素质，使学生掌握更多的体育知识和技能，培养学生顽强进取的体育精神，使其拥有良好的道德品质。本章主要介绍了体育的起源和发展、高校体育教育的功能与目标、高校体育教学的理念和原则。

第一节 体育的起源和发展

一、体育的起源

人类体育活动的历史与人类社会的历史一样悠久。可以说有人类即有体育，体育也成为人类生活中的要素。和任何生物一样，人类欲适应其环境，必须要有运动，此种运动即为"体育"。在漫长的原始社会时期，原始人在极其艰险的生活条件下，逐步掌握了跑、跳跃、投掷、攀登、游泳以及其他技能，但掌握这些技能的目的只有一个，就是为了生存，还没有达到锻炼身体或增强体质的更高层次。用历史唯物主义观点来分析，原始人当时掌握的这些技能既是劳动活动，也是生活技能。这些便是现代体育的前身，现代体育正是从这些活动中脱胎而来。

二、体育的发展

（一）体育是人类心理和生理的需要

人是自然和社会的结合体，是兼有自然属性和社会属性的动物。体育的发展与人类的心理、生理需要更是密不可分。同时，原始人类行为与原始体育也有着密切的联系。原始人由于受原始思维影响，常用身体动作（如舞蹈、模仿狩猎劳动过程等各种形式）来表达对神的虔诚，以图影响自然力量，体育就是从这些行为中发展起来的。

（二）体育是军事发展的必然产物

体育发展与军事发展有着密切关系。人类发展的历史，常常伴随着战争。从史前时代部落之间为争夺土地、牧场和血亲复仇引起的暴力冲突，到原始社会末期以掠夺财产为目的的奴隶战争，不断推动着人们积极从事军事操练和与之有关的身体训练。因此，体育的发展直接受军事发展的影响。那时候统治者为了提高士兵身体素质和掌握武器的使用方法，使之接受的训练有队列（阵法）、格斗及摔跤、弓箭、举重、马术等。体育作为军事训练的辅助手段，对提高士兵的体力和意志品质具有重要意义，这些辅助手段不仅丰富了体育的内容，而且也使体育的一些项目获得了良好的发展。

（三）体育与教育相辅相成

体育与教育的发展是紧密联系的。体育从它诞生之日起，就是教育的一个组成部分，是教育的基本内容之一。随着社会的不断发展，对在学校教育中所采用的体育内容和组织方法的要求日益提高，从而也就促进了体育的发展。

（四）娱乐活动使体育活动更加丰富

在人类社会的不断发展中，一些体育项目随着人们娱乐活动不断发展。各种游戏活动以及各民族中带有民族色彩的一些体育项目都有休闲娱乐属性，如清明踏青、放风筝、荡秋千、拔河以及端午节赛龙舟等。另外，体育的内容也是在生产生活中不断发展起来的，如打猎、钓鱼、划船等。当人们认识到体育活动能增强体质、防治疾病、延年益寿等后，更总结出了一些有益于身心健康的体育活动。

第二节　高校体育教学的功能与目标

作为高等教育的重要组成部分，学校体育肩负着重要的历史使命，有利于培养全面发展的高级专门人才。这些人才不仅要有良好的思想道德素质，掌握和应用现代科学知识，还必须拥有强健的体魄和良好的心理素质，这样才能有坚实的基础和实力参与激烈的竞争，才能为现代化建设贡献自己更多的力量。这足以说明大学体育对大学生的健康教育具有重要的意义。

一、增强体质，增进健康，促进学生身心健康发展

根据大学阶段学生的生理和心理特点，有计划、有组织地进行体育教学和课外锻炼，可以改善人体的生理机能，提高身体素质，保持和增进其自身的健康水平，使身体形态、机能、心理健康水平和各方面素质得到全面、均衡的协调发展，增强人体对自然环境的适应能力和对疾病的抵抗能力，从而强健体魄、振奋精神，促进大学生的身体发育，使其顺利完成繁重的学习任务。

二、增进交流，提高学生的适应能力与社交能力

在学习生活中，学生的课余文化生活需要健康、和谐、文明的环境，能够促进学生身心全面发展。体育活动丰富了大学校园生活，使大学校园充满生命力与青春蓬勃的朝气，其丰富多彩、形式多样的内容也吸引广大学生参与和欣赏。通过参与各种体育活动，可以加强学生与大自然接触的机会和与人交往的能力，也可以开阔心胸、扩展视野、增长知识、增进友谊和交流，并能提高学生对环境的适应能力和社交能力。

三、培养学生良好的思想道德和意志品质

大学生的培养目标，归根结底是培养和造就一大批政治素质过硬，品质优良，具有扎实的科学文化知识和能力，具备强健体魄的全面建设型人才。体育教学可以培养学生拥有坚强的意志，使德、智、体、美诸方面平衡发展，让学生的生活习惯更加健康、文明，追求更高层次的知、情、意、行，使得学生能够积极地面

对未来。体育活动中，严密的组织和严格的纪律有助于培养学生的自律精神，以及正确处理竞争和合作的关系的能力。养成团结互助、遵守纪律、勇敢顽强的优良品质。

四、培养学生终身体育意识和体育能力

让学生掌握体育和卫生保健的基本知识、技术和技能是大学体育的宗旨，运动过程中表现出来的实践能力就是体育的基本技术和技能，进行体育教学和课外体育锻炼可以使学生更加熟练地掌握体育技能。体育可以让学生养成良好的生活习惯，拥有健康的体育意识和卫生保健技能，掌握体育锻炼的基本规律，使得身体更加健康，为自身发展打下良好的基础。在《体育运动国际宪章》中，联合国教科文组织明确指出："体育是全面教育体制内一种必要的终身教育因素，必须有一项全球性的民主化的终身教育制度来保证体育活动和运动实践得以贯穿每个人的一生。"所以大学体育并不是仅仅指大学这个阶段的教学活动，而是为了让大学生可以终身受益，并且将体育逐渐融入自己的生活，成为生活中的一部分。

五、提高运动技术水平、培养高水平体育人才

大学体育在广泛开展群众性体育活动的基础上，应积极培养竞技型体育人才。大学体育在适应现代体育发展的同时，其优越的师资力量、科研水平和体育设施，能够为国家培养优秀体育运动人才，发展我国体育事业。

第三节　高校体育教学的理念和原则

一、高校体育教育应具备的理念

（一）树立健康第一的思想

随着社会的发展和时代的进步，人们的健康意识也越来越强，一个民族或国家整体素质与社会文明的重要标志之一就是人们对健康的重视程度。立国之本是

教育，只有通过教育才能提高全民族素质，促进国家和社会的发展和进步。教育中重要的部分就是学校体育，学校体育不仅促进学生的身心健康发展，还可以促进学生综合素质全面发展，其发挥的重要作用无法被任何其他教育活动所替代。

（二）与素质教育接轨

素质教育所包含的范围主要有劳动技能素质、科学文化素质、思想道德素质、身体心理素质。素质教育的目标是提高人的素质，这也是其重要的内容。素质教育基本含义主要包括三点：一是素质教育是面向全体的教育，要想提高全民族素质，就必须要以素质教育为基础；二是素质教育要求主动发展，对学生的地位进行了充分的尊重，提倡学生的发展是积极主动的，充分发挥学生的主观能动性，教师要对学生的特长和潜力进行充分观察和研究，根据学生的特点和性格因材施教，使得学生在发展的过程中拥有足够的空间进行独立自主的学习；三是素质教育要求学生全面发展，在教育方针的指导下，学生的创造性和主动性得到培养，根据地方教育发展特点、学校发展特点和学生的身心发展特点等，使得学生可以得到全面发展，在德、智、体、美等方面都得到提升。

学校的体育教育有提高学生身体心理素质的功能，这也是其首要目标，通过学校的体育教育从而使得学生身心得到全面健康的发展。学校体育作为一种文化，影响着人的身体心理素质，高校体育要遵循教育的规律，根据素质教育所提倡的方法，发展人的基本活动能力，发挥体育的内化作用。通过体育手段提高学生社会适应能力和生活劳动能力等，培养学生正确价值观的养成，使得学生在友谊、竞争、合作和意志等方面都能够得到健康的发展。

二、高校体育教育的原则

（一）身心全面发展原则

在体育教学过程中，身心全面发展就是学生不仅要获得身体上的发展，而且还要获得心理上智力上的完善与发展，体育教学的重点应该是促进学生身心健康。过去的体育教学更偏生物观，认为体育教学就是重视学生的身体发展，而现在对体育教学的认识则更加全面，体育教学并不只是关注学生的身体机能，还要在教学过程中协调学生的德育、智育、美育等多方面。

（二）健康性原则

在体育教学中必须要依据健康性原则展开，其教学目标是增进学生健康。无论是选择教学方法还是运用教学手段，无论是确定教学内容还是选编体育教材，都要将健康性原则贯穿其中，使得学生在体育教学的过程中能够获得身心的健康发展。体育教学要从多方面来进行理解，在教学过程中，要注重促进学生身体和心理两方面协调健康的发展，使学生全面发展，健康成长。

（三）直观性、启发性、练习性相结合的原则

这条原则是以教学与学生身心发展相适应，教学与学生认识规律和掌握动作技能规律相适应以及教学方法依存于教学任务和内容等规律为依据的。

在体育教学中，教师的示范动作是主要的直观教学手段，要求教师动作示范准确、优美、规范、有表现力。这对建立正确的动作形象起重要作用。在学习动作及动作练习过程中，教师要不断进行动作示范，同时结合录像教学，观摩技术教学片，使学生对动作技术有更深刻的形象感性认识，有利于学生对动作的掌握和水平的提高。此外，教师生动形象地讲解，对技术进行分析使学生明确技术要领及动作要求，在课堂中要积极启发学生思维，使其善于独立思考，发挥学生的想象力和创造力，要求学生善于观察、用心听讲，能对动作的正确与错误进行比较分析，从而建立正确的技术动作。使学生从感性认识上升到理性认识，从而举一反三，灵活运用。

（四）区别对待与因材施教原则

在体育教学过程中，因材施教原则是非常重要的一项依据，要求我们要根据学生的特点，有针对性地对待学生，因为学生的性别、年龄、体能水平和体育基础都是不同的，要想确定符合学生实际的教学目标和教学内容，就必须要考虑到学生的实际情况，根据学生实际的发展情况来确定教学内容和教学方法，使得教学发挥最大的效果。区别对待和因材施教原则要求遵循学生身心发展的规律，学生的年龄不同，性别不同，自然会有很多不同的特点，所以在教学过程中，要注

重学生之间的个体差异，做到因材施教，使得教学成果更加突出。

（五）合理安排运动负荷原则

在体育教学的过程中还要遵循一项重要的原则，就是合理安排运动负荷原则。合理安排运动负荷原则就是根据体育教学的需要和其本质特点来进行符合运动负荷规律的原则。教学中必须要体现身体活动性这一体育教学的本质特点，学生锻炼和运动都要在其所能承受的范围内进行，只有这样运动才有益。

在教学过程中，要保证学生身体活动量充足，在体育教学中，只有身体大肌肉群进行充分活动，才能使得学生的身体得到锻炼，与此同时，还能掌握一些运动技能。进行科学的身体活动的过程就是学生掌握运动技能、锻炼身体的过程。

（六）创新性原则

在体育教学过程中，教师应该注重创新性教学，激发学生的创新意识，使其在自身创新动机的指引下，积极主动地进行创新，让学生的个性得到发展，这不仅能够使学生拥有创新的精神和思维，还能使学生的综合素质得到发展，潜能得到激发。

第二章　高校体育教学理论

本章介绍的主要内容是高校体育教学理论，分别从以下三个方面进行阐述：高校体育教学课程理论概述、高校体育课程与教学目标以及高校体育教学价值观与目标思考。

第一节　高校体育教学课程理论概述

一、高校体育课程教学基本理论

（一）高校体育课程基本内容

1. 课程和教学的概念

关于课程的概念众说纷纭，不同的学者按照各自不同的课程价值观念来阐述课程的定义和内涵：1859 年，英国教育家斯宾塞发表的《什么知识最有价值》一文中最早出现了"课程"一词，"课程"是拉丁语"currere"的派生词，意为"跑道"。随着教育科学的深入发展，课程的意义不断得以丰富，人们对课程内涵的界定各持己见，形成不同学说。

关于"教学"一词，早在我国商朝的甲骨文中就已经出现了"教"字，也有了"学"字，教学观念的雏形在此时已经出现。到 20 世纪初，人们对教师的"教"重视起来。1949 年以后，教学内涵又发生了新的变化，教和学是同一过程的两个方面，彼此不可分割地联系着。

2. 高校体育课程教学的理念

体育课程的定位着眼于新时代人才素质的需求，注重以人为本，强调以学生的学习、发展为教学的中心，以"健康第一"作为教学的指导思想。体育课程教学以学生的学习、发展为本，在教学过程中，要求学生进行主动学习。学生要积极主动地参与体育锻炼，并且乐于参与，愿意探究体育，从而将终身体育的运动意识树立起来，养成健康的体育锻炼习惯。教师在课程教学过程中的作用是引导、帮助学生对体育课程知识、运动方法和动作技术的学习。体育课程突出学生作为课堂教学的主体地位，重视教师的主导作用，在教学过程中为完成共同的教学任务，实现共同的教学目标，进行知识技能的传授、研究和探索。

现在的体育教学不再像以往那样重视竞技运动，而是将体育课程与实际生活相联系，突破了学科的本位主义，删除了"繁、难、偏、旧"的内容，强调整合，也就是强调过程与方法、情感态度与价值观、知识和技能三个方面的整合，使得课程与现代科技和现代社会相联系。新课程教学注重理论与实践的结合，体育运动与健身方法的结合，强调体育锻炼与日常生活的融合，使学生学会学习的方法，培养体育锻炼的习惯，养成终身体育的意识。

在教学过程中，应该重视多学科理论的综合运用，无论是人文学科还是自然学科，多学科之间相互渗透，从而使得学生能够健康发展。体育教学是促进学生生理健康、心理健康水平及社会适应能力的健康发展，有效地增强学生体质的过程。全面发展学生的身体素质和基本运动能力，形成良好的运动技能，同时注重在体育教学过程中对学生进行思想品德教育。要完成上述教学任务，必须综合运用体育科学、教育科学、人文科学等多学科理论与方法，促进学生身体的健康发展，有效地增强学生体质。

学生身体的健康发展是指学生身体机能、身体形态、心理素质和社会适应能力的全面发展。实施体育课程教学活动，是以促进学生身体的健康发展、有效地增强学生体质的运动过程。健康发展的内涵是指学生的全面、健康、和谐、可持续发展。

3. 高校体育课程教学的指导思想与任务

高校体育课程教学的指导思想是健康第一，不仅使新的内涵注入体育课程教学，而且在提升学校体育价值的同时，使学校体育的教学目标更加明确。改变过去传统的体育教学"重竞技"，围绕"达标率""合格率"等功利性倾向，改变教学目标与学生学习脱节的现象，使体育课程教学与 21 世纪社会政治、经济的发展需求相适应，使体育课程教学与促进学生身心健康发展，有效地增强学生体质的目的和以学生为本的教学理念更加贴切。在进行体育教学的过程中，体育教学的指导思想通过各种形式渗透于教学中，其主要途径有学校体育的教学任务目标、方法、内容、组织形式等，体育教育理论的核心就是体育教学的指导思想。教育部颁布了学校体育的教学目标和总任务，要实现这一目标和任务的要求，就要全面锻炼学生的身体，促进学生生理健康、心理健康水平，有效地增强学生体质。培养学生体育能力，科学地运用健身方法，养成良好的体育锻炼习惯，为终身体育奠定良好的基础。

（二）高校体育课程的教学过程与内容

1. 体育课程的教学过程

教学观放在体育课程理念的视角下，强调教学过程要求师生都要积极互动，积极参与。教学就是教师教和学生学，二者相统一，其实质是师生之间的交流。在体育课教学过程中，强调教师的教以及学生的学所构成的一个有机组合的整体教学结构系统。教师根据学校体育的教学目的、教学目标、教学任务、教学内容与教学要求，通过体育课程教学与课外体育锻炼活动等不同的组织形式，将具体的体育基础知识、健身方法、运动技术和练习手段有目的、有计划、有组织、系统地传授给学生。逐步培养学生掌握、应用体育基础知识、健身方法、运动技术和练习手段进行运动健身的能力，以及对学生进行思想、品德的教育。

体育课教学过程的本质是使学生学习、掌握和应用体育知识、健身方法和运动技术，培养学生良好的运动技能、体育锻炼习惯，体验运动乐趣。体育课程教学过程是素质教育的重要途径，体育课程教学具有促进学生身体形态、生理机能的功能。

2. 体育课程的教学内容

教学内容是教师和学生用以教学的主要载体。体育教学内容是根据体育课程教学目标、指导思想、教学任务、学生的学习需要与教师的职业技能，按照教学原则来选择教学教材，并对其进行体育教材化的加工和创造，构成科学的、合理的、适合社会需求和学生发展的体育课深程教学内容结构体系。

　　体育课程教学内容是体育教学实践活动的载体，包含了体育教育的基本理论知识、体育健身的方法、运动技术、思想品质教育等体育教学要素和丰富的文化内涵。教师通过教学内容的"教"和学生对教学内容的"学"的过程，使学生学习、掌握体育教育的基本理论知识、体育健身的方法、运动技术，提高身体的运动能力水平并形成良好的运动技能。从体育教育活动实施过程及其对人的发展角度分析，体育课程教学内容从本质上起到了体育教学实践活动的载体作用。

　　体育教学教材系统有两个明显的特征：一是素材来源广泛，内容丰富；二是教学素材之间不具有严密的逻辑性，教材系统结构中每项教学素材内容都具有各自的功能性，由多项教材内容具有的功能性总和构成了能够达成多元教学目标的可能。体育教学内容与竞技运动区别表现在以下两个方面：

　　第一，体育教学内容是根据体育课程教学目标、指导思想、教学任务、学生的学习需要与教师的职业技能，遵循体育教学规律和教学原则所选择的教学素材，是以学生身体健康发展和增强体质为教学目的。而竞技运动内容则是以参加竞技比赛、夺取竞赛名次为目的，以运动员掌握、运用运动技术，提高运动竞技能力与水平为运动训练任务，二者明显存在不同的任务和目的。

　　第二，体育教学内容必须根据学生学习的需要进行体育课程教材化的改造、组织和加工，而竞技运动内容则是由统一的竞赛规程、规则制定，通常情况下不允许进行改造。体育教学内容与其他教育内容一样是随着社会发展需求而处于不断变化和发展的过程之中。现代的体育教学内容的基本结构体系是随着学校体育和体育运动的发展而逐步形成、改进与完善的。

（三）体育课程的教学方法与评价

1. 体育课程的教学方法

　　体育课程教学理论与方法的探索、研究与发展，从始至终都遵循教育学、心理学、运动人体科学的原理，遵循教学理论与教学实践相结合的事物发展规律，遵循人体运动知识、技术技能的形成规律。

　　体育教学方法主要研究学校体育教学的基本规律，主要课题是促进学生身体健康发展和有效地增强体质、掌握体育知识与运动的规律。从宏观的角度上分析体育教学方法时，我们认为体育教学方法就是师生为了实现共同的目标任务的总称。从微观的角度上分析体育教学方法时，体育教学方法是由各种不同层次、具体性的教学方略、教学技术、教学手段和教学形式等所组成的一个系统性结构，包含有多层面的教学技术。

2. 高校体育课程的教学评价

教学改革中一个非常重要的内容就是评价体系，在高校体育教学课程改革过程中，要客观的对学生进行评价，通过评价来促进学生的发展，使学生不同层次的学习水平得以体现。教学评价是研究课程教学过程中教师的教和学生的学的过程和结果。体育课程教学评价一般包括对教学过程中教师、学生、教学内容、教学方法手段、教学环境、教学管理诸多因素的评价，但是主要评价的是教师教学工作和学生的学习过程，评价通过收集相关资料，根据客观的标准来评定教学活动和效果。

体育课程教学的评价，是依据《新课程标准》所进行的课堂教学研究活动。在教学评价活动中强调体育课程教学应以促进学生身心健康发展为根本，贯彻"健康第一"的指导思想，要求在全面锻炼身体的基础上，促进学生生理机能、心理素质及社会适应能力方面的健康发展，为终身进行体育锻炼打下良好的基础。体育课程教学的评价通过了解与评估教学各方面的情况，从而判断教学的过程、质量和水平，包括课程教学的成效和缺陷。体育课程教学的评价，对教师的教和学生的学都具有极为重要的激励和导向作用。通过评价反映出学生对学习的态度、动机、兴趣、方法及其结果，能够激励教师的教和学生的学习过程，使师生了解掌握自己所进行的教学状态及其发展变化情况，提高教学活动的效率，从而获得最佳的效果。

二、学习体育课程与教学论的意义、目标和方法

（一）学习体育课程与教学论的意义

对于一线的体育教师以及学习体育教育课程的专科生、本科生和研究生来说，体育课程的教学论都是他们必须要学习的，在工作中意义重大。体育教学理论是一门综合性的科学，它的理论基础是人体发展学、体育学和教育学，结合了体育

学科理论、教育学和人体运动学。为了促进体育教学职业技能的发展，就必须要学好教学论与体育课程，只有这样才能够锻炼体育课程的教学能力，逐渐提高教师基础理论水平，体育课程与教学论具有非常重要的现实价值和意义。

1. 把握体育课程教学的基本要素体

体育课程教学是一个复杂的教学过程，涉及课程教学目标、任务、内容、方法、组织形式以及学生、教师等方面的因素，是由多层次多因素所组成的综合体系。我们必须了解、掌握与应用其中的主要构成要素，概括地认识体育教学的规律和本质，全面提升体育教师的专业基础理论水平，从根本上提高体育教师在体育课程教学实践活动中发现问题、分析问题、解决问题的能力。

无论是对于正在进行体育教育专业学习的学生，还是对于已经在第一线工作的体育教师来说，学习、掌握和运用体育教学理论与方法，更好地掌握体育教学的基本规律和方法，都具有非常重要的参考意义和具体的实用价值。

2. 掌握与应用教学理论与方法

体育教学理论与方法是一门实用性较强的课程，它是在教育学、体育教学论、体育课程教学实践的有关理论与方法基础上，针对体育课程的具体实际情况所进行归纳与总结的一门应用性学科。体育教学理论与方法的实用性主要表现在为学生提供系统教学理论、方法的同时，还为学生提供许多具体的教学活动实例分析，包括学生学习的理论与方法等都做了大量的实例分析和论证。掌握、运用体育教学理论与方法有利于提高体育教师和体育教育专业的学生的职业技能，提高体育课程教学质量。

（二）学习体育教学理论与方法的注意事项

1. 学以致用，带着问题学习

体育教师和体育教育专业学生在学习体育教学理论与方法时，要根据体育课程教学实践过程，带着问题进行学习与实践，通过探讨和老师的指导与帮助，最后寻找出解决问题的方案，从而提高学习的质量，提高自己从事体育课程教学的职业技能和培养发现问题解决问题的能力。

在学习体育教学理论与方法的过程中，结合体育课程教学实践进行学习，将体育教学理论与方法所论述的基本概念、原理及其方法的学习与课程教学实践活动紧密地结合起来。学习体育课程教学理论与实践的过程中，根据体育教学理论与方法精选的体育教学范例阐述与分析，让体育教师和体育教育专业学生通过学习该课程的过程，能够清楚地掌握、运用体育课程教学的基本理论与方法进行体育课堂教学。

2. 注意掌握基本概念、基本原理和方法

在进行体育教学理论与方法的学习时，一定要理解基本概念，对一些基本的原理能熟练地运用。体育课程教学理论与实践的基本内容就是由基本原理构成的，体育教学课程理论的知识要点，也就是基本概念。体育教学理论与方法是一门实用性学科，在体育教学实践活动中，通过一些公开课实践课和教学实习，可以使学生获得更深刻的认识，产生一些对教学问题的联想，从而产生更深刻的理解。通过创设典型的教学情境进行学习，将教学理论、方法的学习与教学实践活动进行有机结合，并注重职业技能的培养，促进教学能力的提高和发展。

（三）学习体育课程与教学论的目标

在高等师范院校体育教育专业开设体育课程与教学论课程，学习该课程的目标任务是：使高师院校学生在学习教育学、心理学的基础之上，进一步系统地掌握体育课程与教学论的基础知识、基础理论，体育教学的基本技能和基本方法。以一名合格的中小学体育教师的身份来看体育课程与教学论的课程目标，让学生得到身心统一和谐发展。可以具体分为以下几个方面：

1. 体育课程与教学论基础知识方面

（1）了解体育课程的基础知识、新课程理念，掌握中小学体育课程目标，学习用新课程的理念和课程目标指导与评价自己的学习与教学实践。

（2）初步掌握中小学体育课程的知识内容和结构体系。

（3）初步掌握中小学体育学科特点与教学特点，以及学习该门学科的方法，能从体育学科特点出发指导自己的学习与组织教学。

（4）认识与理解体育教学的一般原理与规律，学习运用体育教学的一般原理与规律指导自己的学习与教学实践。

（5）初步掌握体育教学的常用方法与主要模式，选择和使用体育教学方法与模式于教学实践中。

（6）了解现代先进的学习理论，能用现代学习理论指导自己的学习和教学实践。

2. 体育教学基本技能方面

（1）掌握体育课堂教学的基本知识和技能，组织自主学习等课堂教学的基本技能。

（2）熟练掌握体育教学设计和教学方法以及各种体育教学策略。

（3）掌握体育教学的组织以及教学手段的运用，能熟练地运用现代教育技术等辅助体育教学。

3. 体育教学、课程开发及教学研究能力方面

（1）能初步分析教材，设计教案，预设教学过程。

（2）能初步运用课堂教学技能，组织与管理课堂教学。

（3）能分析运用先进的教育思想和教学理论，掌握基础教育课程改革的理念，指导课堂教学一对一。

（4）初步学会运用多种教学评价方式实施体育教学评价。

（5）初步学会校本课程开发、体育课程与教学资源的开发与利用能力。

（6）初步学会选用合适的研究方法，进行体育教与学的初步研究。

4. 体育教师专业情感方面

（1）热爱体育教师职业，树立献身体育教育的理想。

（2）初步养成良好的教师职业道德和职业习惯，具有做一名优秀体育教师的信心。

（3）具有不断改革和创新体育教育教学工作的远大志向。

（四）学习体育课程与教学论的方法

体育课程与教学论是一门理论与实践相结合的学科，好的学习方法可以起到事半功倍的效果。掌握基本理论知识、关注体育教学实践、注意拓展学习是学习体育课程与教学论过程中的三个基本方法，但这三个基本方法不是彼此孤立的，而是互相联系、统一于实践问题之中的。

1. 掌握基本理论知识

理论知识可以帮助我们了解体育课程与教学相关问题的理论框架。学习理论知识时，要注意掌握体育学科的基本结构。在体育学科基本结构体系中的各种概念、原理、方法和价值观，它们构成了一个有机整体。

2. 关注体育教学实践

理论知识并非空中楼阁，也不是无源之水，而是从实践的土壤中萌发与生长的，不论是理论知识的学习，还是问题的发现与探究，都应该以关注实践为根本指导思想。因此，只有充分关注体育教学实践，才能使体育课程与教学理论融会贯通，并在实践的检验中得到不断发展。

3. 注意拓展学习

阅读母学科相关的名著，课程与教学论是体育课程与教学论的母学科。这些名著产生于特定的时代和历史背景下，必然会留下时代发展的痕迹。体育课程与教学的问题是与本国的政治、经济、文化等有着密切联系的，有着自己的特色，但并不能为此而拒绝了解国内外有关体育课程与教学问题的现实状况。

第二节　高校体育课程与教学目标

一、体育课程与教学目标概述

体育教学理论的核心内容包括体育课程与教学目标，体育教学理论具体化了体育课程的教育目的，集中体现了人们对体育教学设计与课程开发的教育价值的理解。

具体而言，体育课程目标有以下主要作用：第一，为体育课程内容和体育教学方法的选择提供依据。第二，为体育课程与教学活动的组织提供依据，把体育课程组织成什么样的类型，把体育教学组织成什么样的形式，在某种意义上取决于体育课程的目标。第三，为体育课程评价提供依据。第四，为实施体育课程提供依据。在体育课程实施的过程中，逐渐实现体育课程的目标。在体育学习中，体育课程目标就是在体育学习中的一般反应模式。体育教学目标是预先确定的，是体育教学主体在具体的教学活动中所要达到的教学结果，并且这种教学结果是可以通过某种技术手段来进行衡量的。体育教学目标是课程目标的进一步具体化，并由教师根据相关教育法规、课程标准和各方面实际情况制订，是指导教学活动设计、实施和评价的基本依据，对教学活动具有导向、指引、操作、调控、测评等功能。教学目标通常在"单元"或"课"的教学计划（方案）中按照课程目标方面分别陈述。

二、体育课程与教学目标的结构与制定

（一）体育课程目标的结构

体育课程目标是有层次结构的，不同的层次结构发挥着不同的功能。对同一层次的目标而言，还存在着不同学习方面和学习水平的区分。

1. 体育课程目标的纵向层次

体育课程目标的特点是累积性、层次性和线性。有的学者将课程目标按照其不同关系分为以下几种层次：首先是教育目的，这是课程的总体目标；其次是培养目标，这是对课程总体目标的具体化；最后是具体化的学科领域的课程目标，也就是教学目标。所有的目标像金字塔一样分布，顶层的目标是整体的、普遍的、抽象的，而底层的目标则是有针对性的、具体的，底层目标有很多，针对性更强，是针对具体的情况或特殊的情况而制订的，当无数个底层目标逐渐达成之后，那么，顶层目标也会达成。体育课程目标体系由四个纵向层次构成，分别是体育课程的总目标、学习方面目标、水平目标和教学目标。

体育课程的总目标面向某个教育阶段的全体学生，是特定教育阶段大多数学生通过自己的努力都能够达成的体育学习目标。

学习方面目标是指期望各个学习方面达到的相应水平。如我国全日制义务教育《体育与健康课程标准》改变了传统的按运动项目划分课程内容和安排教学时数的框架，拓宽了课程学习的内容，将课程学习内容划分为运动参与、运动技能、身体健康和社会适应四个学习方面。

体育课程的水平目标是指不同年龄（学段）学生在各个学习方面中预期达到

的相应水平。体育课程水平目标目的是为了在一定的阶段内，更好地加大教材内容的弹性，以满足学生、学校的不同特点、条件及实际需要。1949 年以后，我国传统体育教学大纲中对学段的划分基本上采用的是小学、初中、高中、大学四段法。新的课程标准则把小学阶段进一步划分为三个水平：水平一（一年级至二年级）、水平二（三年级至四年级）、水平三（五年级至六年级）。这三个水平都有相应教学目标的规定，高一级的水平目标也可以作为一些学生在低一级的阶段的学习目标。

某一教学单元或者是某一节体育课的一般目标是具有阶段性和总体性的，通常被称作课或单元的教学目标。体育课程目标的延伸就是体育教学目标，体育课程目标体系中最不可缺少的部分就是体育教学目标，这一层次的目标，往往要联系具体的情景，对其可操作化的程度进行分析，明确界定课程目标的结果。体育教学目标的基本结构是课时体育教学目标、学年（学期）体育教学目标和单元体育教学目标。

2. 体育课程目标的横向关系

课程目标的横向关系实质反映了各种目标的区分及其相互之间的关系。像教育目标这一层次上，我国通常用德、智、体或德、智、体、美、劳来划分目标领域。无论怎样划分目标领域，各领域对总的目标来说都应当具备逻辑上的合理性，它们彼此之间关系虽然可能是并列和平行的，但它们必须是一个相互联系的整体。

3. 体育教学目标的层次

课时体育教学目标也就是体育课堂教学目标，在各项目标中是最基础的一项，具有很强的操作性。每堂体育课都要根据学生的学习特点来确定教学内容，最终能够达到教学目标，不仅如此，还要对教学的实际情境和条件等因素进行考虑，体育教师在进行教案设计时，要进行多方面的考虑。体育教学目标是由任课教师制订的，其基础是全年教学计划的制订，全年教学计划以单元为基础，一个最基本的教学单位就是一堂课，但是却不一定是完整的单位，因为在一堂课中，学生不可能完整的学到一整个教学系列。在体育教学中，越来越重视学生的认知性学习，在现代教学理论中，假说验证式和发现式学习法是认知性学习的基础，这两种方法的学习过程都比较漫长，所以，我国教学体育改革重要突破是重视单元教学的目标和计划，在改革的新形势下，使教学得到更好的发展。

单元体育教学目标是在课程教学中，各门课程被相对完整的划分为几个单位，这种单位就是单元，这也是教师对这门课程和体系的看法，反映了课程编制者对课程结构的设计理念。单元体育教学目标要求必须要了解体育课程的内容，要了解运动项目的特性，也就是说，体育课程内容的不同，其所对应的教学目标也应该是不同的，单元教学目标制订的依据就是学期教学分配计划和年级体育教学目标。

学年体育教学目标是依据"学段体育教学目标"确定的，每个年级体育教学活动都有不同的要求。计划性的学年或学期体育教学目标应该依据体育课程目标的总要求，结合实际情况，对学校体育教学计划进行设计，无论是学生的兴趣爱好，还是体育课程、运动项目的各个特点，都应该成为学年体育目标的设计依据。

（二）体育课程目标的制订

1. 体育教学目标制订的依据

学校体育功能逐渐多元化，主要是增强学生体质，发展学生体能，使学生身心得到健康发展，以教学目标的各个维度逐渐拓展。制订体育教学目标和确定体育教学目标维度，都受到学校体育功能的影响。制订体育教学目标的依据，是我国相关体育教育的方针和政策，其具体依据是教学目标的上位目标，下位目标不断累积，成为上位目标，下位目标更加细化。要认真分析体育教学的内容，这样才能制订合理科学的体育教学目标，针对青少年身心发展特点，确定体育教学的重点难点，根据青少年不同阶段发展的规律来确定相应目标。但在考虑学生共性的同时，也要因材施教，考虑到学生都是具有个体差异性的，要使每个学生都能得到身心的平衡发展。在制订教学目标的时候，还要考虑一些现实性的因素，比如教学条件，教学条件也会制约教学目标，影响到教学目标是否能够实现。例如，在城市和乡镇，学校的条件就是完全不同，哪怕是同一个地区的学校，也有较大差异，所以要想让教学目标的制订更符合实际情况，就要从客观条件出发，考虑到学校的现实教学因素和条件，使得教学目标可行性更强。

2. 体育教学目标制订的原则

体育教学目标是一个完整的系统，它是由具体目标组成，若干层次的目标纵横有序，形成一个网络，只有充分理解其立体性才能对体育教学目标进行科学制订，才能保证教学目标和教育目的的实现。体育教学目标要体现教材特点，突出体育学科的特点，将重点、难点都表现出来，对学习的各个方面都要有所体现，突出具体、明确、可操作、难度要适中等方面。体育教学目标要遵循可测性原则，针对学生的身心发展状况，进行恰当具体的描述，并且用能够进行定量或定性的技术手段来对这种状态测量，并表示出来。体育教学目标要根据实际情况灵活弹性地制订。体育教学目标的灵活性要求根据学生的学习特点设定，以促进学生身心健康发展为目标。体育教学目标要遵循发展性原则，制订体育教学目标，要根据学生的发展水平，从学生身上要能够体现体育教学的效果，从而使得学生的学习需要得到满足，获得健康的体魄。

3. 体育教学目标制定的要求

体育教学目标的要求要考虑实际情况，从实际出发，全面地考虑教学内外环境和条件因素，制定出科学的体育教学目标，从而反映出教学的实际情况，使学生学习的需要得到满足，注意协调与衔接，系统把握体育教学目标，体育教学目标只有形成一个网络系统，体现层次性和序列性，将体育目标的功能系统体现出来。教学目标的制定要落到实处，要明确，才能体育教学工作要尽可能的量化、具体化，使得体育教学目标的计划性更强，为体育教学工作的评价与检查奠定基础，对教学目标不断细化，使教学目标操作性更强。所以体育教师要能够分解体育教学目标，从而使体育效果得到优化，才能提高体育教学的质量。体育教学目标具有稳定性，但是这种稳定性是相对的，诸多因素都会影响到体育教学目标，体育教学目标是不断发展的，是绝对变化的。

第三节　高校体育教学价值观与目标思考

一、高校体育教学价值观概述

从一定的角度来说，体育的历史就是体育观不断变革的历史。体育是什么？体育对个人和社会的发展有什么意义？对此问题的看法就属体育价值观范畴。

（一）关于体育价值观的基本认识

体育价值观表现在对体育总体价值的认识。在古代，人类最开始的需要如果按照马斯洛的需要层次论划分的话，都是处于低层次的需要。人们为了改善生存和生活条件，就必须传授和提高这些技能，这时体育的价值就开始显现，由此可见，体育的产生与体育的价值是密切相关的。

社会化程度的提高扩充了体育的价值。随着历史的进步、社会化程度的提高，人们的需要逐渐从低层次向中等层次发展。在满足这些需要的过程中，体育始终扮演着非常积极的角色，展现了它特有的价值。在几千年的中国历史中，虽然体育的发展也遭受过一些挫折，但它总是以其特有的魅力而保持着持续发展的势头。汉代末年，名医华佗根据人体经络和血脉流通的机理，模仿虎、鹿、熊、猿、鸟的动作，创编了五禽戏，把医学和体育有机地结合起来，充分体现了体育保健和健身祛病的价值。

社会文明程度的提高，使体育价值得到了更充分的体现。当人类进入现代社会后，随着社会文明程度的提高，人们在工作中减少了身体活动，体力劳动强度降低，脑力劳动强度提高，许多"文明病"应运而生。为了适应社会的竞争，提高生活质量，人们的体能需要保持，绷紧的神经需要松弛，所有这一切都可以借助体育得到缓解与解决。

手段论价值观和目的论价值观的价值取向是不同的。手段论价值观认为：运动的目的是以运动为手段来培养社会所需要的人才，体育教学必须根据国家提出教学目标的需要来确定教学内容和设计体育方法体系，其价值取向的重点是因国家需要而规定的社会目标。目的论体育观认为：运动的目的在于运动自身和以运动为手段，使作为运动主体的人得到满足。因此，在教学中就必须根据学生的需要提出教学目标，确定教学内容和设计体育方法体系，使教学手段与教学目标相一致，教学目标与主体需求相统一，这与当前教育界提倡的素质教育思想是吻合的。

手段论价值观和目的论价值观的基本内涵也有所不同。手段论价值观和目的论价值观的主要分歧体现在价值的取向上，其焦点是在于侧重满足社会需要，还是满足作为行为主体的学生的需要。在行为主体的地位上，两种价值观也有所不同。目的论价值观认为：学生是体育教学活动的行为主体，教学活动要以满足学生的需求为目的。

在个体的发展方向上，两种价值观存在着类似于科学主义教育思想和人文主义教育思想的差别。手段论体育观关注的是运动技能的掌握和合理的运动负荷的影响。而目的论价值观恰恰涵盖了手段论价值观所忽略的范畴，不反对掌握适宜的运动技术、技能和承受合理的运动负荷。

在教学内容的选择上，手段论价值观强调的是体育内容自身的逻辑关系，奉行按部就班，讲究全面系统、整齐划一。目的论价值观在教学内容体系的构建上，主要是从学生的学习需求出发，根据学生实际和教学目标选择教学内容。

在课程结构上，因为手段论价值观追求运动技术的掌握和技能的形成，强调合理的运动负荷，所以课程结构比较固定，组成课程的各个部分比较规范。而目的论价值观在学生掌握知识技能的基础上，重视态度和情感的培养。

体育作为教育的一个组成部分，它的价值观选择受到教育思想的指导和约束。根据素质教育的内涵，在体育教学要求上，我们应该如何做呢？第一，要面向全体学生，使所有的学生的健康水平都能够得到提高、身心素质得到发展。第二，突出全面性。第三，突出主体性。给学生更大的活动空间，使之在兴趣爱好的培养、人格的完善、特长的发展等方面拥有充分的主动性，真正发挥他们的主体作用。第四，要突出发展性。奠定身心健康发展的基础，形成终身体育的能力。

从素质教育对体育的要求，我们不难看出，目的论价值观与素质论教育观更为吻合，这是学校体育今后的正确方向。

（二）体育教学的基本价值内涵

1. 从知识形态的转化来看体育教学的基本价值

教学活动具有一个共同的特征，就是让学生得到他人总结的知识，这也是实现教学价值的基础。教师要根据学生的实际情况，逐步剖析挖掘，从而使教学成果进一步升华。

2. 从教学的功能看体育教学的基本价值

体育教学有继承功能和发展功能，其中，发展功能指的就是对学生身心发展的促进功能。从教学的功能来看，学生获得知识，掌握科学学习方法，得到能力发展，并且最终形成良好品格，这就是体育教学的基本价值。

3. 从素质的构成看体育教学的基本价值

体育教学的基本价值就是使得学生的素质构建得相对完备。有人把人才素质归结为德、识、才、学、体五个方面。其实，上述五个方面不是孤立的，它们相互之间有着互相渗透甚至互相包容的关系，有些甚至互为条件，它们组成的基本因素归根结底还是知识、能力、品格和方法等几个方面。体育教学的过程可以使得学生体质得到增强，使学生得到锻炼身体的知识技能，有利于培养学生意志，使学生的道德水平得以提高，它在学生素质构建中除了具有其他教学活动共有的功能外，还为学生科学锻炼身体提供理论和方法的指导，使其增强体质、提高健康水平，这是其他学科所不能替代的。因此，体育教学对于学生素质的构建的价值也是非常重要的。

（三）现代体育教学价值的形成特点

体育教学的价值就是能积极地影响人的生存、发展和生活，甚至对社会的进步都有积极的作用。在教学过程中，这些因素互相联系成为过程价值，在教学结束后，这些因素彼此凝结，成为终极价值，从而完整体现体育教学价值。

1. 体育教学价值的形成规律及内部关系

体育教学价值的形成规律实质上就是体育教学过程的内在本质联系，或者说是体育教学活动规律。在体育教学的过程中，只有通过正确的认知以及必要的体育知识的学习，才能将正确的体育态度树立起来，从而为形成教学价值奠定基础。教学价值形成的重点就是受教育者具备基本的体育能力，教学价值的实现过程是有目的、有计划的。学生只有具备基本的体育能力，才能实现其终身体育，实现体育教学的能力价值，有利于促进学生身心健康发展，使学生的体育锻炼更加有效地进行。体育教学还可以促进道德品质的养成，在潜移默化中，使学生的道德水平得到提高，这是体育教学的一个重要价值，随着道德水平提高，学生的健康心理也就很容易形成，从而促进其他价值的实现。只有这些价值各自发挥作用，同时又彼此联系、有机协调，才能使体育教学价值得到完整实现。

2.体育教学价值的形成过程与特征

从体育教学的特点这一角度来看，我们将体育教学价值分成两个部分，分别是终极价值和过程价值，终极价值集中表现了过程价值，也是过程价值的指导。

要实现体育教学终极价值，主要是通过升华体育教学的过程价值，体现为使学生的健康水平提高，促进学生身心素质的发展，使其人格个性得到完善，学生能够掌握更多的体育知识技能，将终身体育的观念树立起来，适应社会所需人才相关素质结构。所以教师要通过合理的教学设计，在教学行为中将价值观念融合进教学指导思想，从而使得体育教学思想和终极价值观念能够正确地树立起来，使社会发展的需要得到满足。

形成体育教学的过程价值需要从多方面来考量。要获得体育知识，就必须要进行感性的体验，所以，要实现体育之价值，就必须要紧密与实践相结合。学生在教师的指导下，根据自身的需要和特点来认识事物，这就叫学法。从学生主体的角度来看，体育教学有一个重要的价值，就是思想品德价值，这种价值是各个学科都具有的共同取向，促进个体的社会化。要想形成好的品质，需要三个方面共同协调发展，主要包括行为、情感意志和主体认识三个方面。通过上述论述，我们可以看到体育教学的过程价值就是培养体育能力、学习体育知识、训练体育方法、养成良好品质的过程。

在体育教学中，体育教学过程使人才形成相关素质的过程，凝结了体育教学价值。通过构建良好的人才素质结构，才能使体育教学最高价值得到体现。为了满足学生和社会的需要，体育教学过程可以使得学生的健康水平得到提高，这是社会进一步发展的基础。

二、高校体育教学目标的结构与制定

（一）高校体育教学目标的结构

1.体育教学目标与体育学科价值、功能的关系

体育学科的功能和价值取向具有多样性和不稳定性，历史条件不同，所在国家不同，体育学科的各个功能也产生了不同的价值，得到了各种不同程度的利用。

　　事物的特点和性质决定了其功能，在体育学科上也是同样的道理，体育学科自身的性质和特点决定了体育学科的功能具有多样化。

　　当然，在实现体育价值时，也要注重体育功能，人们通常会同时追求体育的很多功能，并不是只追求体育单一的功能，只不过人们会在这众多功能中着重对某一功能进行强调。

　　时代不同，体育教育目标体系也有着各自独特的特点。体育价值取向被社会具体化，就形成了这些目标，这些目标也是认识到了体育的重要性和体育的功能。通常情况下，体育目标有很多，无论是哪种体育形态，我们都可以通过其教学的第一目标来判断其价值取向，当然，我们也要注意，其中也会有一些例外，价值取向和目标顺序并不一定是完全吻合的。

　　2. 体育教学目标、体育学科的功能及价值之间的关系

　　我们可以说，尽管一个事物具有某种功能，但是人们并不需要或没有看到这个功能，其目标就不会使这个功能的实现；相反，一个事物没有某种功能，无论人们再怎么希望实现这个功能，最终也是不可能的。社会环境不同，历史阶段不同，体育价值取向也就不同，但是，体育学科功能却不会变化，因此，我们可以说，随着社会的变化和生产力的发展，体育的教学目标也会发生相应的变化。

　　3. 体育教学目标的外部特征

　　体育教学目标的外部特征就是体育教学目标内容规定性的标志和特点。多层次目标组成体育教学目标，每个层次的目标都有其特性和功能，要对这些特性和功能进行明确，否则就会混淆各层次目标。各层的目标有着各自的侧重点，有着各自需要解决的问题，各层目标的特性与功能性，也就是目标的个性和定位。各层体育教学目标要从两个视角来考虑，分别是"围绕着什么来看目标"和"围绕着什么来写目标"。

　　4. 合理制定体育教学目标的意义

　　体育教学目标合理制定，主要有以下几个方面的意义：

　　第一，只有对体育教学目标进行合理的制定，才能够将体育教学任务落实下来。制定一个合理的目标，有利于确定教学任务，而具体的教学任务又能逐渐实现目标。我们可以将教学任务比作弓箭，将目标比作靶子，只有明确目标，教学

任务才能做到有的放矢。

第二，教学目标对教师的教起到了激励作用，对学生的学起到了指引作用，明确教师和学生努力方向。教师和学生虽然并不是体育教学目标的完全制定者，但是一个合理的教学目标，必然会有教师和学生愿望的痕迹。合理的教学目标必然会对教师起到激励和指引的作用，也必然会对学生起到鼓励和指导的作用。

第三，只有对体育教学目标进行合理的制定，才能实现体育教学的功能。不合理的体育教学目标是不可能将体育教学的功能充分发挥出来的，因为不合理的体育教学目标必然会偏离体育教学的功能，使得体育教学的质量不仅得不到提升，反而会使其大幅度下降。

第四，体育教学目标必须要保证层层衔接，如果某一个阶段的体育教学目标选择错误，就很有可能无法实现最终目标，总的体育教学目标是各个阶段的教学目标的总和，所以要想实现最终目标，必须要保证各层次目标是正确制订的。

第五，制订合理的体育教学目标是为了使体育教学目的能够得以实现，合理的教学目标是体育教学目的实现的保障。如果体育的教学目标是使学生身体强健，那么，在每节课每个单元，教师都要让学生积极参与运动使其身心愉悦，只有实现各层次的体育教学目标，才能使得题教学目的最终实现。

体育教学目标是教师的指导，实则是明确教师的工作方向，使教师能够预期自己的体育教学成果。在实现体育教学目标的过程中，教师发现问题，并逐渐解决问题，从而使教师受到鼓励，对教师的工作起到指引的作用。不断实现学习目标，也会使学生受到鼓励，尽管在过程中会遇到困难，但是学生因为有了前进的方向，所以更容易克服困难、解决问题，所以我们也可以说明确的教学目标，并且其是切实可行的、是具体的，就可以对学生起到激励的作用。

（二）高校体育教学目标的发展与完善

1. 体育教学目标系统的发展

体育教学目标要想系统发展，就必须要完成社会对体育教学的要求。

2. 体育教学目标系统的完善

我国从 20 纪 90 年代后期开始改革体育课程，提出体育教学目标系统要遵循教育本身的规律和体育的规律，随着体育教育的改革，我国体育教学目标系统势必会越来越深入，教学目标会越来越具有时代性，将社会要求反映出来，使得教学的方向更加明确。

第三章 高校球类教学理论与方法

在体育运动项目中，球类运动在大学生中有着深厚的基础，受到广大高校学生的欢迎与喜爱。同时，作为高校体育教学的重要组成部分，科学合理的球类运动教学也是提高学生身体素质、培养全面发展人才的必要途径之一。本章将从高校球类教学理论与原则、高校球类教学内容与方法以及高校球类教学文件的制定三个方面进行深入的研究。

第一节 高校球类教学理论与原则

一、高校球类运动教学理论

（一）高校球类运动教学的基本规律

高校球类运动的教学规律，是在高校球类运动教学过程中所存在的普遍规律，包括动作技能形成规律、事物认识规律、人体身心发展规律、人体生理机能活动规律以及项目教学规律等。

1. 事物认识规律

要根据人体认识事物的规律与特点来进行有目的、有针对性的教学活动。

一般来说，大学生在认识事物过程中一般都从感性认识上升到理性认识，即遵循实践→认识→再实践→再认识的过程。因此，在掌握知识、技术、技能的过程中，应根据教学过程认识事物的客观规律，即引起动机、感知教材、理解教材、巩固知识、运用知识、检查评定等几个阶段来进行球类运动的教学。

2. 动作技能形成规律

学生在学习的时候，要经历一个复杂的发展过程，由不会到会，由泛化到分化、再到巩固提高，这个过程包括以下三个阶段：

（1）泛化阶段

在学生学习动作初期，教师通过讲解和示范，使学生获得一种认识，但是这种认识是感性的，学生并不能完全理解运动技能的内在规律。在这一阶段，学生身体不协调，其大脑皮层兴奋与抑制扩散，稳定的条件反射联系并没有建立起来，学生容易出现多余动作。在这一阶段，教师应该让学生抓住关键的动作，过分强调动作细节是不可行的，要抓住主要问题。

（2）分化阶段

随着练习的增加，学生对运动技能的理解也更加深入，多余的动作也逐渐减少，此时，学生兴奋相对集中，大脑皮层进入了分化阶段，分化抑制得到发展，在练习过程中，纠正了大部分的错误动作，学生可以比较连贯的完成动作。但是在遇到新异刺激时，学生还是会容易犯错误，之前出现的错误容易反复出现，所以在这一阶段，教师应该注重纠正学生的错误动作，对动作的细节进行讲解，使动作的动力定型建立起来。

（3）动力定型阶段

学生更多地进行反复练习逐渐达到了动力定型阶段，这一阶段大脑皮层的兴奋与抑制更加集中，学生此时动作协调准确，动作也出现了自动化的现象，甚至环境发生变化，也不会对学生造成影响，动作依旧可以稳定的进行。但是，动力定型发展到了巩固阶段还会消退，所以，在教学中应对学生提出进一步的要求，不断精益求精，使动力定型更加完善和巩固。

3. 人体生理机能活动规律

人在开始进行体育锻炼时，并不能使得身体机能达到最高水平，工作效率也尚未达到最高水平。随着活动越来越多，在一段时间内，人的工作效率和身体机能都开始提高，这个提高的过程是有规律的。运动开始时，身体的各机能器官的活动能力都处于较低的水平，生理上的惰性尚且还影响着人的身体，而后身体活动能力逐渐上升的过程，叫上升阶段；之后身体活动技能逐渐达到稳定的状态，这个阶段就叫作稳定阶段；在经过了一段时间的运动之后，身体会产生疲劳，身体机能活动能力下降，这个阶段被称为下降阶段；之后又经过一段时间的休息，身体机能和活动能力又逐渐回升，这个阶段叫作恢复阶段。根据个人的特点和工作的性质，进入工作状态都需要一定的时间，通常情况下，肌肉活动越复杂，或者体育基础水平越低，要进入工作状态的时间也就越长。学生因年龄的不同，导致其拥有不同的活动能力特点。

根据此规律，在高校球类运动教学过程中，必须遵循人体生理机能活动规律，结合学生的具体情况，合理地组织与安排教学活动，教学准备阶段应做好准备活动，使学生的兴奋度达到适宜状态；教学主体阶段应合理安排教学内容，确定好休息时间和休息方式，促进身体机能的恢复；教学结束阶段做好整理活动，消除疲劳，促进体力恢复。

4.人体身心发展规律

人体的身心发展具有阶段性特点，要根据学生不同年龄段的身心发展特点来安排教学过程中的教学内容和方法，从而使学生能够得到健康成长。

小学生兴趣广泛，但不稳定，特别喜欢带情节的游戏和竞赛性的练习，对枯燥的活动易产生厌烦情绪。因此，在球类教学中要增加情节化、游戏化和竞赛化的教学内容。随着年龄的增加，学生逐渐理解了体育锻炼的意义，自觉性逐步提高。因此，教师应采取有效的措施，不断强化学生正确的学习动机。在中学阶段，学生对待体育学习的态度可以通过体育学习中所表现的积极或消极的行为表现出来，当教学内容、方法、手段等符合学生的需要时，学生就会采取积极、主动的态度；反之，就会产生消极、被动的态度。大学生对体育学习的兴趣更加稳定，而且具有更大的选择性。因此，要加强正确引导，使学生明确球类运动的作用和意义，积极地参加学习与练习。

同时，学生对体育学习的兴趣不断分化，受性别、个性、体育基础、同伴和教师等因素的影响较大。男生多喜欢活动量大、竞争性强，能表现自己勇敢、敏捷的教学内容；女生则喜欢动作优美、柔韧、节奏和韵律感强的教学内容。因此，体育教学中要根据学生性别、个性的特点，在选择教学内容、确定组织教法时做到有针对性地对待。

5. 项目教学规律

各种球类项目动作结构不尽相同，运动性质、强度有较大的差别，如篮球、足球等项目是典型的身体直接对抗性项目，排球、乒乓球、网球等项目是典型的隔网对抗性项目。所以，在各项目的教学中，要根据具体项目的技术特点、动作结构特点以及教学实践而采取不同的教学方法，运用不同的教学手段。

（二）高校球类运动教学目的

1. 掌握球类运动基本知识

了解球类运动的起源、发展进程及其文化背景，系统掌握此项运动的特点和结构体系，掌握教学、训练原则，掌握球类运动的竞赛组织、规则与裁判方法等基本理论知识。

2. 掌握球类运动的技战术

介绍球类运动的基本技战术方法，强化基本技战术的概念和要领，巩固正确姿势，纠正不良或错误动作，形成良好的技战术规范，培养和提高技战术意识和应变能力，以适应高校球类运动的需要。

3. 促进大学生身体机能全面发展

通过高校球类运动教学，提高大学生机体功能，增强体质，以满足大学生学习和工作的需要。在此基础上，努力发展高校球类运动所需要的专项素质和能力，为技术水平的提高打下坚实基础，奠定适应高校球类运动比赛激烈对抗的基础。

4. 提高学生的综合素质

通过球类运动的训练，培养和发展大学生各种综合素质，培养知难而进、顽强拼搏、敢想敢干的现代竞争意识。球类运动是一项值得倾注毕生精力的事业。在探索此项运动规律的实践中，掌握技术，克服困难，提高主观能动性。

通过学习与训练，在有挑战、有压力的环境中，挖掘和证实自我潜能，增强自信心。掌握运动心理和生理知识，学习科学的锻炼方法，提高自我控制能力。在教学中培养大学生的创新能力和组织能力。

5. 培养健康的意志品质

体育运动所传播和宣扬的奥林匹克精神、原则和体育道德，如竞争、协作、团结、谦虚、诚实、公正、友谊是社会不可缺少的规范和品质，具有广泛的教育意义。球类运动理论与实践教育大学生热爱祖国，热爱体育事业，培养大学生良好的体育道德作风、顽强意志品质和进取精神，形成正确的世界观和人生观，有助于培养"德、智、体、美、劳"全面发展的高素质人才。

（三）高校球类运动教学的考核与评价

1. 高校球类运动教学考核与评价的内容

（1）体能的评价

学生的水平不同，其体能发展目标也不同，所以其相对应的体育评价也应该根据其特征进行调整，学生根据自身的兴趣爱好特长、体能等方面的差异来选择体能测定的项目，进行成绩评定时参照《学生体质健康测试标准》，并结合学生的个体基础和进步幅度。

（2）高校球类运动知识与技能的评价

高校球类运动知识与技能成绩的评定内容主要包括三点，分别是高校球类运动方法和理论的运用与掌握，认识高校球类运动的情况，专项运动技能运用与掌握的情况。各个学校选择的具体内容应该能够确定如何评价学生体育课运动技能。

（3）学习态度的评价

评价学生学习态度主要包括两个方面，分别是学生的出勤情况，学生运用知识和技能参加课外体育活动和健康教育活动的情况。

（4）情意表现与合作精神的评价

学生在高校球类运动的教学中的情意表现主要包括以下三个方面：是否能通过球类活动来对自己的情绪进行调节；是否能在进行球类运动时充满自信，并且能够战胜自己的胆怯和自卑；是否能够挑战自我，克服困难，跨过障碍，对球类运动能够坚持下去。

合作精神主要有以下三个方面的体现：学生在进行体育活动时能否履行自己的权利和义务，其所进行的社会行为是否负责；能否理解他人，并对他人表示尊重，在学习过程中表现出良好的合作精神，并且通过自身的人际交往能力，与小组成员和谐相处，承担小组学习的责任；能否对规则进行遵守，对裁判表示尊重。

（5）健康行为的评价

体育健康行为评价的内容也包括学生的健康行为，这主要是为了使学生形成健康的意识，掌握更多的健康知识，养成健康的生活习惯和行为方式。学生的健康行为评价内容主要包括：对个人卫生是否注意，是否有吸烟、酗酒等不良生活习惯，是否注意维持公共卫生，是否遵循合理作息制度等。

2.高校球类运动教学考核与评价的方法

（1）基本知识的考评方法

考核球类的基本知识可以采用口试，也可以采用笔试，开卷和闭卷相结合的考评方法。开卷可以选择进行调查报告、专题作业或者在课上完成答卷等形式，闭卷要采用标准化的考试方法，可以通过电脑中对试题库进行自动拼题，以此来对学生掌握的球类知识进行考核。在编制球类试题库时，要注意教学要求和目标，同时，试题要注重客观性和可靠性，学生要掌握什么样的知识点都应该提前确定，然后进行严密的计划，使测试更加有效。经过实践后，将符合要求的题目存入题库。

（2）运动成绩的考评方法

运动成绩考评应该综合考虑多方面的因素，包括学生的努力程度和进步幅度，根据学生的个体差异来评定成绩。在教学结束时达标成绩减去教学初识的达标成绩就是进步成绩，评分时依据的是相对评价标准；而教学结束时的达标成绩，通常依据的是绝对评分标准。

（3）运动技术的考评方法

球类运动的技术评定应有比较详细的评分标准和较完善的考核形式。技术成绩达标可以与运动员等级标准相结合，但不应把所有项目的某个等级都规定成统一的分数。评分标准中分数的递增应与成绩的递增相适应，成绩越高，分数递增的幅度也应越大，不应出现等量增加分数的现象，更不能为了迁就运动员等级标准的统一分数而降低分数的增长幅度。运动技术的考评方法主要包括全程技术与半程技术比较法、专家评价法和运动生物力学技术分析法三种考评方法。

（4）学生学习态度与情意表现的评定

学生学习态度与情意表现的评定主要包括两项内容，分别是对情意表现的评价和对学习态度的评价。从教育测量学的角度出发，评定学生学习态度要通过一定标准评价学生的学业个性和思想，目前，在各类课程的评价中，越来越重视学生的学习态度和情意表现。

（5）教学能力的评定

对于体育教育专业的学生来说，还必须具备一定的教学能力。球类教学能力主要包括：教学设计能力、教学实施能力、教学评价能力。

球类运动教学能力在实践中可以重点进行以下五个方面的测评：运用教学手段和方法的能力、课堂组织能力、示范与讲解的能力、教案编写的能力和评价教学效果和分析技术动作的能力。

二、高校球类运动教学的指导原则

教学需要遵循的准则就是教学原则。高校球类的教学原则反映的是高校球类教学的特点和一般规律。经过长期的教学实践，人们从中总结出高校教学的特点和规律。高校教学原则在高校球类教学活动中，始终贯穿并且对教师和学生的活动都起到了指导作用。

（一）自觉性原则

自觉性原则是高效球类教学应自觉贯彻的原则，指的是教师要调动学生的积极性和自觉性，使学习效果达到最佳。在教学中贯彻这一原则，是由"学生是教学的主体"的因素所决定的。

在教学中，教师是主导，应该对学生进行启发，运用联想、比较等各种方法，使学生产生积极思维。教师通过对技术动作的生物力学和运动学分析，使学生掌握正确技术动作的概念和动作方法。如根据篮球攻守对抗规律，使学生掌握技术运用和战术方法；通过比赛、裁判工作和组织竞赛等实践活动，对学生学习的积极性进行调动，使他们的能力得到最大限度的发展。

同时，学习效果与学习的动机是紧密相连的。兴趣是形成学习动机的重要因素，它可能是暂时的，但也可能转化为长期的主动学习动机。高校球类运动具有较高的趣味性，高校体育教师要保护和进一步培养学生对运动的兴趣，在教学中采取丰富多样的教学方法，使学生获得正确的理论知识和运动方法，提高他们的运动水平，从而使学习的积极性更高更持久。如果学生的学习目的不明确，学习动机不正确，就不可能去自觉积极地学习，也不可能把这种自觉积极的学习状态长期保持下去。因此，明确学习目的，调动学生的主动性，从而能够刻苦学习，勇于探索，对高校球类各种运动技能和理论进行掌握，使他们能够对问题进行观察、分析和解决。

此外，在高校球类运动教学中，要注意建立民主和平等的师生关系，保持和谐的教学氛围。教师要成为教学活动中具有主导作用的一份子，平等对待学生，坚持正面教育和以表扬为主，发扬教学民主，宽严适度，尤其对基础较差的学生要倍加爱护和帮助，使每一个学生的学习潜力都得到发挥。

（二）循序渐进原则

教学中要遵循循序渐进的原则，遵循学生的认知规律，根据学科逻辑系统，使得学生从低级到高级，从简单到复杂，从单一向综合的掌握基本知识和技能，使得学生的逻辑思维体系更加严密。

从认识论的角度看，体育学习是一个特殊的认识过程。在这个过程中，学生的智力、体力不断得到发展，这是一个渐进的过程，教学中必须遵循教育的规律、人体运动机能变化的规律、运动技能形成的规律和人体运动适应性的规律。因此，在安排教学内容、选择教学方法、确定运动负荷时，必须考虑学生的身心发展水平，教学进度由浅入深，运动负荷由小到大，大中小相结合。

在高校球类运动教学中要注意循序渐进，根据系统性的教学内容安排、教学大纲和教学进度，使得高校的课时计划符合球类运动教学的规律，高校可以从简单到复杂，从容易到困难，逐渐增加运动量。比如篮球运动中有一个技术基础是移动，在进行技术教学的时候，要注意先学习进攻移动，再学习防守移动。在此基础上再学习运球、传接球、投篮、持球突破、抢篮板球、防守等基本技术。只有全面地掌握了基本技术，才能学习战术基础配合和全队战术。

同时，高校球类运动的循序渐进原则要注意通过系统性的教学方法使学生的运动技能形成规律，各个阶段都要稳定的发展，从泛化阶段到分化阶段，再到自动化阶段，也可以说是从认知定向阶段到巩固提高阶段再到熟练阶段，组织教学时，就要依照这个阶段逐步进行。在初学阶段，教师要对动作进行讲解和示范，使学生能够建立初步的概念和视觉表现，然后通过不断练习对动作进行巩固，之后通过大量练习并加大难度，使动作达到熟练的地步，并且在实战中，不因环境发生变化其动作技术而发生影响。所以在教学中必须要注意阶段性的特点，阶段的不同所采用的教学方法也是不同的。

（三）从实际出发原则

从实际出发原则，是指教学工作要考虑主观和客观条件，不能只从主观愿望出发。这可从主观和客观两个方面考虑：

1. 主观方面

每一次课教师都要遵循球类教学的目的任务，贯彻体育教育的基本要求。要认真备课，教材内容的深度和广度、讲解与示范、教学手段的选择与运用、运动量和具体要求等，都要符合学生的实际情况，要尽最大努力使学生对球类课产生兴趣。在户外授课天气突然恶劣时，既要对学生严格要求，又要考虑到健康问题。同时，教师也要认真分析自己的长处与不足，教学中尽量做到扬长补短，培养自己的教学特点和教学风格。

2. 客观方面

（1）从学生的实际情况出发

学生的实际情况包括身体健康水平、身体素质水平、接受能力和学习的自觉积极性等。对这些情况课前都要有所了解，课上要随时观察学生的反应，随时调整运动量和要求，尤其是对于健康状况较差且体弱的学生，在进行强度较大、持续时间较长、重复次数较多、身体局部负担较重的练习时，更要加强观察其动作反应，避免发生突发的伤害事故。

（2）从具体的教学条件出发

具体的教学条件是指场地和器材的数量与质量、学生的人数、天气突然有变化等。体育院校的场地和器材的数量及质量是可以满足教学需要的，但考虑到学生毕业后的工作条件，在备课时要加强课的组织，只要能保证学生有足够的练习场地及器材即可。

此外，教师还应考虑课表的实际情况以及学生的体力，灵活掌握运动量，不能只求本次课的需要。各技术课教师均应加强协调配合，避免因过度疲劳而发生不应有的伤害事故。户外课上遇有突然的恶劣天气时，教师应根据具体情况灵活掌握。

（四）直观性原则

直观性原则要求学生运用多种感官来进行学习，学生要将视觉、听觉和肌肉本体的感觉进行充分利用，使学生能够结合自身的积极思维，发展知识技能。这一原则的基础是针对学生认识事物的一般规律提出的。认识的基础是感觉，学生可以通过直观产生正确的表象经验，这种表象经验只有结合实践和积极的思维，才能使教学效果更好。所以直观性教学，要结合各种技术和战术启发学生思维。在高校球类运动教学中正确运用直观性原则，对于提高教学效果有重要的意义。高校球类运动教学中经常使用的直观教学方式有动作示范、演示、电影、录像、技战术图片等。直观性原则的基本手段有教师示范和利用教具。

1. 教师示范

运用直观性教学原则最方便而有效的手段，莫过于教师的正确示范。教师在课堂可以根据需要随时做出示范动作，有时也可以利用学生做某一动作的示范，这也是培养学生基本技能的方法之一，但不宜过多。教师示范时，首先教师要正确理解技术，做出正确的动作；其次还要掌握做示范动作的方法，例如示范的时机。如果在练习过程中，学生出现错误，教师要及时进行示范，对于学生错误的动作进行纠正，并且对正确的动作进行强调，使得学生形成深刻的印象，有时候还需要教师对错误的动作做出示范，从而使得学生引起注意。

2. 利用教具

挂图、模型、幻灯，尤其是技术录像和技术电影，可以显示技术的连续动作，更可以慢速显示动作的演变过程和某一动作重心的位置、身体某一部位的角度、上下肢的配合、连续动作中前因后果的关系。但目前由于条件所限，在场地上有运用不便的缺点。

在高校球类运动教学中贯彻直观性原则，首先要有明确的目的和要求。教师要根据教学的任务和教材的特点以及学生的情况，有目的地使用直观教学方法。

如对低年级学生进行技术教学时，宜多使用动作示范、技术图片等。可以把学生的动作录像重放，与正确技术进行比较，以纠正学生的错误动作。对高年级学生进行战术教学时，宜用沙盘演示，或用生动形象的语言进行讲解。教学中贯彻直观性原则还要充分利用学生的视觉、听觉和肌肉本体感觉，通过示范、电影、录像、图片等，激发学生的学习积极性。

（五）综合性原则

在高校球类运动教学中贯彻综合性原则，是由高校球类运动的特点和规律决定的。高校球类运动具有技能的综合性、战术的多变性和攻守的对抗性等特点。高校球类运动教材内容的游戏性、竞争性和趣味性也很强。因此，在教学中贯彻综合性的原则是符合高校球类运动本身特点的。高校球类教学运动的综合性原则的要求主要有以下几个方面：

第一，选择简单实用和多样化的教学方法和组织形式，从而使学生的兴趣得到提高，进一步使学生学会更多的练习方法，掌握更多的练习手段。

第二，注意选择新旧教材搭配的教学内容，注重结合综合技术、组合技术和单项技术。单项技术教学完成之后，应当立即结合其他技术，从而使得学生能够有更强的技术综合运用能力。

第三，不仅要让学生学习技术和战术，还要培养学生的作风，学生不仅能够拥有很强的技术、战术和体质，还要使他们的智力得到发展，心理素质得到优化，为他们全面发展打下基础。

第四，要充分利用各种多媒体技术进行教学，通过视频的方式来使学生直观的掌握动作，加强学生运用技术和战术的能力。

（六）对抗性原则

高校球类运动教学还要注意对抗性原则，这一原则是由球类运动对抗规律所决定的。高校球类运动大部分都是贯穿着进攻与防守，其核心就是攻守转化和攻守对抗，正是由于直接的对抗，才使高校球类运动快速激烈，从而产生一幕幕惊心动魄的竞技画面，因此，在教学过程中，要注重对抗性原则，从而促进高校球类运动的发展。

在教学中要研究攻守、对抗和转化的规律，从而使对抗性原则得以贯彻。进攻和防守处在一个统一体当中，它们是一对矛盾，没有防守也就没有进攻，没有进攻也就没有防守，二者辩证统一在制订教学计划时，要正确处理这二者的关系。在对教学方法进行设计时，要综合运用练习方法，从而提高进攻技术和防守技术，在实际的技术运用中，掌握攻守对抗技术，提高攻守强度，使得教学质量得到提高。在进行篮球教学时，要注重攻守相对平衡，要克服重攻轻守的思想，以防为主，提高运动水平。

（七）巩固性原则

高校球类运动中还要贯彻巩固性原则，巩固性原则就是要求精讲多练。在技术教学中，学生要注意听教师讲解，看教师示范，但是练习才是关键，学生通过不断地练习，从而掌握熟练的技术，最终能够达到提高运动水平的目的。为了使教材更加具有连续性，技术动作也必须要前后相互联系，不能学习了新的技术，而忘记了旧的技术，要不停的进行巩固提高，正确技术是大脑皮层动力定型形成的结果，在学生学习的阶段，虽然还没有形成动力定型，但是此时，在教学手法上要注重连续性，不能因为只注重多样化而忽视连续性，而难以提高学生的技术水平。

（八）适宜性原则

体育教学要注意合理安排运动负荷，注意遵循适宜性原则，这样也可以防止发生运动损伤。安排合理的运动量，可以使学生更好地掌握技术，从而使学生的运动能力不断得到提高，如果学生的运动量过大，就会造成学生只重视次数，而忽视质量，对于其中一些错误的动作也难以纠正，最终还有可能导致损伤，同时也会使得教师的教法受到影响；当然，运动量过小也是不行的，这样学生无法很好的掌握技术动作，人体也得不到应有的刺激。如果在运动过程中不停的重复某一动作，就容易使局部负担过重，从而发生事故。同时，在技术教学和训练中，运动疲劳也是具有非常重要的意义的，有疲劳才有超量恢复，才能使得学生身体素质得以提高，但是过度疲劳不能促进身体健康，也不能提高学生身体素质。所以在安排运动负荷时，要注重学生的身体的实际情况以及气候和场地等因素，因此，在进行球类运动的教学时，适宜性原则是必须要贯彻的，同时，还要注意以下几个方面：

第一，教案编写应与学生实际身体情况相结合，保证在上课之前和下课之后，没有其他的消耗体力的活动。

第二，运动量要根据季节气候和天气进行调整，同时要注意观察学生，其面色、动作、速度以及注意力都要进行观察，通过对学生的反应来对练习的强度和次数进行调整。当然，除了观察学生，还可以凭借教师自身的经验来进行。

在高校球类运动教学过程中，上述原则都不是孤立的，它们是相互联系、相互结合的有机整体。因此在运用这些原则时要综合考虑，灵活运用。

第二节　高校球类教学内容与方法

一、高校球类运动教学内容

（一）高校球类运动教学内容的范围

高校球类运动教学的内容包括各项目的基本理论、基本技术和战术以及教学组织与管理等，一般分为理论部分和实践部分。

1.理论部分

理论部分不能脱离教材，要对教材的项目进行详细列举，对国内外的最新动态和学术观点进行研究，同时，不断拓展其深度和广度，使得学生能够追求新知识、新意识，指出学生的发展方向。

理论课一般在教室里进行。在运动教学中，理论课的比例虽然小于实践课，但是系统的理论讲授可以使学生在实践中获得的感性认识迅速上升到理论认识，促进学生技战术水平和实际能力的提高。理论课要根据课的内容，除传授基本理论知识外，还要对学生进行素质教育，如爱国主义教育、遵纪守法教育、集体主义教育、艰苦奋斗教育等，促进学生全面素质的发展。

在理论部分教学中，教师要认真编写、讲授提纲和讲稿，安排好每一个讲课步骤，利用讲授、提问、讨论、答疑等形式，使理论课上得生动活泼。

2. 实践部分

实践部分注重的是实际操作，这在体育教学中是一个重点的内容，通过不同的练习和大量的练习来完成运动项目，进行战术和技术的学习。实践部分包括很多方面内容，如该项目的裁判方法、场地规格、器材规格、技术动作的规格以及各种教学方法和步骤，同时，还包括安全措施、如何产生错误动作和如何纠正错误动作等。高校球类运动项目还应当对大纲中规定的一些注意事项和教学重点进行介绍。

实践课的结构由三部分构成，即准备部分、基本部分和结束部分，这三部分是一个紧密联系的整体。实践课的各部分都有其各自的目的、任务、内容和组织教法要求。因此，教师必须根据课的任务和学生的实际情况，选择适宜的练习手段，提出明确的要求。

（二）高校球类教学内容的评价

1. 理论课教学内容评价

评价指标、确定的指标权重、设计的评价量表是根据课堂教学评价指标体系的实证研究结果所筛选出的，反应了体育教学过程的各个要素。评价教学的焦点应该是学生的学，学生积极参与教学，积极反应，不仅使其对知识有着更深的把握，还能够使学生有着更好的课堂情绪体验，判断一堂课是否成功的标准，就是在教学结束时，学生所掌握的知识和课堂中探究合作的具体行为。

评价量表的编制要对体育教学过程中的各个因素进行准确反映，使得最终测评的结果更加有效，操作性也会更强。

在评价内容与指标上，现行的学生体育学习办法和评价内容、指标权重和评价量表相比，由学生体育学习评价内容、指标的实证研究结果所构成的评价内容、指标、权重和评价量表更具客观性，协调性也更强，也促进了学生的全面发展，有利于教师评价理念的提高，与学生身体健康发展规律亦相吻合，使得学生多方面的潜能都能得到发展。

2. 实践课程的教学评价

传统教育观念认为，运动技能是衡量高校球类运动教学质量的标准，在这种观念下，运动成绩成为人们所关注的重点，而对于参与运动的程度和身心健康等方面，则产生了一定的忽视，因此，很难培养全面发展的人才，只注重运动成绩，人才很难具有创造力。在评价的方法和方式上，只注重传统运动成绩是非常封闭的观念，不能过于注重"量化"，而忽视"质性"评价，导致整个评价过程缺少方法与技术，缺乏灵活性。

所以教学评价应该改正上面的缺陷，对不足的问题进行解决。

（1）重视学生的学习成绩、忽视学生的学习态度的不足

传统的观念认为，学生得到好成绩即被认为教师的水平高，但是我们要知道，这种观念是非常短视的，容易使教学观念走向歧途。

教师不能为了追求高分数把学生捆绑在考试上，如果考试将体育教学的方法和内容进行了限定，那么体育教师就不可能提高自己的创新能力和教学科研能力，就更别提让教师注重学生的兴趣和需要，这种唯分数论不仅无法提高教师的教学水平，也无法使学生真正学到知识和技能，从而导致教师的育人功能无从发挥。

（2）重视教师的工作表现、忽视评价实质的不足

体育教师教学评价如果采用传统的方法，那是非常落后的，因为这种传统的观念只注重教师到底选用了什么教学方法、教学语言、教学态度和教学效果，而并没有注重学生的素质与能力。如果体育教师是被这样的评价内容约束，那么他们就会非常注重自己的教学设计和教学技巧，而忽视了学生的需求，这样会造成形式主义泛滥，学生会片面的追求教学过程的完美无缺，甚至会注重一些没有意义的事情，而学生的学习活动则被彻底的忽略，这也就忽略了评价的实质，评价的作用也没有真正发挥出来。

（3）评价主体以领导和同行为主、忽视学生评价和教师自评的不足

在教育上，我国长期实行集中统一的行政管理体制，也就是说，由教师的上级领导对教师的教学水平进行评价，这种评价虽然看上去是征集了多方意见，但实际上体育教师个人的意见被忽视了，而最有发言权的学生也并没有参与到这项评价活动当中，所以评价结果不可能非常的客观，其结果主要反映的是领导对教师的欣赏程度以及教师平时的人际关系，具有很强的主观性，这样并不利于教师的发展，也不利于教育的发展，所以在新形势下，改革体育教师教学评价体制是非常重要的，否则，体育教师教学评价就会逐渐变得机械化。

二、高校球类运动教学方法

（一）高校球类运动教学方法介绍

在高校球类教学运动过程当中，高校球类运动教学方法包括教法和学法两层含义，是在教学过程中教师根据教学任务和目的所采取的手段和措施。下面将介绍几种常见的高校球类运动教学方法：

1. 直观教学法

直观法是借助一系列器官来在高校球类运动教学中进行动作感知的一种教学方，借助了视觉、听觉、肌肉本体感觉等。我们以排球技术教学为例，通过直观示范，学生可以了解技术的结构、动作、路线等，通常采用的直观方法有照片、模型、教具、电影、录像等，学生可以直观的了解技术动作与时间、空间的关系等。

2. 语言教学法

在高校球类运动中，运用语言教学法。学生通过教师的语言来对学习内容进行掌握，然后再进行大量的练习，掌握球类运动技巧和知识。在高校球类运动教学中，通过语言学生可以掌握技术动作的要领，了解排球基本理论，从而对排球基本技术和战术能够更加熟练的掌握。在高校球类运动教学中，可以采用口令指导、口头评定、教师讲解和暗示等语言方法。

3. 程序教学法

程序教学法是建立在控制论一般规律的基础上，通过结构分析，引导学生个体进行自学，使得教学过程数字化，信息过程最佳化，不同层次的教学内容可以使学生按照层次进行学习，并且强化正确的反应，使得学生能够发挥自己的能力，主动去获得知识，从而掌握更牢固的球类技能。

程序教学的主要模式分为分支式和直线式程序两大类，其中，分支式和直线式程序的变式运用是混合式程序。程序教学模式首先是改写改编教材，这就要求教师在教学过程中将自身的教学思想体现出来，同时还要采取合理的教学方法进行配合，这样才能发挥程序教学模式的最大效用，使学生掌握更多的知识，教师也可以在不断的改进中逐渐成长。

4. 发现教学法

发现教学法就是教师进行启发引导，让学生自己去发现问题，我们也将这种教学法称之为问题教学法，学生发现问题之后，并对问题进行回答和解决，这种探究式的教学方法是为了能够让学生产生更多认识的可能性，使他们更具创造精神，对知识掌握得更加牢固。

5. 完整法与分解法

（1）完整法

完整法指的是完整地进行教学，无论段落和部分，从技术开始到结束都完整地进行教学。采用完整教学法的情况一般是在动作简单的情况下，或者是在一些动作复杂但难以进行技术分解的情况下，或者是为了不破坏复杂动作的结构的情况下所采用。

（2）分解法

分解法是指是对技术动作进行合理分解，在教学过程中，先分步教学，最终再合起来教学，使得学生最终还是能完整掌握技术的教学方法。

完整法与分解法都是相对而言的，对于局部来说是完整，对于整体来说是分解。在实际的教学过程中，完整法与分解法是相辅相成、紧密配合的，要考虑实际的工作需要，灵活地采用。在以完整法为主进行练习时，对于某些困难的环节也可以分段学习，在以分解法为主进行练习的时候，也应该让学生对动作进行完整的掌握。如果在教学中不得不使用完整法，那么就可以采用一些现代化的技术手段，比如录像、幻灯、挂图等，使得学生对每个环节的动作都能有清晰的认识，并且能够进行学习。

6. 预防和纠正错误法

为了防止在练习中出现错误，可以采用预防和纠正错误法这种教学方法。

在教新动作之前，教师应该提前考虑到可能会出现哪些错误，并且对这些错误采取措施进行预防，如果学生在教学过程中还是出现了错误，教师应该进行纠正，防止学生形成错误的动力定型，从而一直错下去，最终产生多方面影响。

教师首先要找到学生为什么会产生错误动作，然后再采取预防措施和纠正错误动作。我们可以举一个例子，有的学生不知道所学动作技术的概念，有的学生对学习的目的尚不清楚，造成这种现象的原因不一定仅仅是学生方面，也可能有教师方面的原因，可能是由于教师讲解不清，也可能是由于学生没有认真听讲，或者自身的理解错误，所以在教学过程中，让学生对动作进行讲解和示范是非常重要的，这样学生可以发现错误，纠正错误。

另外，教师要讲清楚原理、概念、理论，同时，采用实例进行说明，在对学生进行身体训练时，要注意有针对性，在学生出现错误动作时，也要分析其产生的原因，同时结合实际情况，采取恰当的措施。

7. 游戏教学法

游戏教学法就是在一定的范围内，通过游戏的方式让学生的主动性和创造性得到发挥，达到球类运动教学的目标，对学生的学习进行组织的方法。

在教学中，采用游戏教学法时，要合理的进行运用，结合实际情况，使学生活动能力得到提高，学生可以在游戏教学中利用所学到的知识技能，发挥战术在游戏中得到兴趣的激发，产生运动的快乐。

在高校球类运动教学中运用游戏法时需要注意的是，在准备活动阶段，游戏要能够起到激发学生兴趣、活动学生身体的作用；在技术学习阶段，所采用的游戏是不能破坏学生所学技术动作的结构，而应该促进其规范技术动作的形成。

（二）高校球类运动教学方法的选择

随着教学研究的深入与发展，教学方法越来越多。因此，在实际的教学活动中，应选择哪一种教学方法，就成为一个问题。我们认为没有哪一种教学方法是"放之四海而皆准"的，所以应根据不同的情况选择不同的教学方法。

1. 根据不同目标选择教学方法

体育教学目标体系包括身体发展目标、技能发展目标、知识发展目标、社会发展目标和情感发展目标等。不同的教学目标要选择不同的教学方法，在体育教学中任何一个教学目标都不是孤立的，而是综合的。但每一堂课目标的侧重点是不同的，应根据某一堂课目标的重点来注重发展某一方面的教学方法，例如：篮球教学中技术的掌握与运用是不同类型的目标，强调技术动作掌握时，用传统的教学方法，强调技术运用时可以选择领会法、游戏法等，社会发展目标和情感发展目标一般是综合在其他目标中共同实现的。

2. 根据教师自身素质选择教学方法

教师的自身素质直接关系到选用的教学法能否发挥其作用。教师应对自身素质实事求是地进行分析，根据自身特点和条件，选择运用适宜的教学方法。同时，教师应在教学过程中不断发展与探索，提高自身素质水平和条件，尝试多种教学方法，逐渐发展成具有个人风格的高水平的教学能手。

3. 根据教材内容选择教学方法

高校球类运动教材中的内容，一般分为实践技能和理论知识两部分。其对学生掌握知识的要求是有差异的，所以，教学方法的选择也应具有多样性和灵活性，例如：学习原地双手胸前传接球的技术动作，可以采用传统的完整与分解法；但如学习传切战术基础配合，完全用上述方法，则学生学会的将是在无人防守下机械地传接球练习。

4. 根据学生特点选择教学方法

教学中考虑的学生特点一般包括学生现有的运动水平、智力水平、动机状态、年龄、心理特征、学习习惯等因素。同一种方法，应用于不同层次的学生会产生不同的反映。这种差别有时受年龄的影响，有时受运动水平的影响，也可能受认知习惯的影响。所以需要教师了解和把握学生的具体情况，有针对性地选择教学方法。

5. 根据教学环境选择教学方法

教学环境包括场地、器材、授课时数、班级人数等因素。教学环境必然会对教学方法产生制约作用。教师要善于利用教学环境，尽可能地创造条件、利用条件。例如，很多学校上篮球课时，一块球场，几个篮球，要想把每一块场地、每一个球都利用起来，争取增加学生练习的密度，就要看选择什么样的教学方法，能最大限度的利用现有的场地、器材条件。

第三节　高校球类教学文件的制定

教学活动指的是教师根据教学计划中的教学目的，按照步骤开展教学工作的各项活动。教学活动的目的必须是正确的、计划必须是周密的，因为教学活动目的正确与否以及教学计划是否周密会在很大程度上影响最终的教学质量。因此，在开展教学活动前，必须提前设计好相关的教学文件。如篮球教学文件主要有教学大纲、教学进度和教案三部分。教学文件对于教学过程非常重要，不仅能够保证教学工作的顺利进行，同时也能用来检查教学工作的效果。

一、教学大纲

教学大纲是以课程方案为依据，纲要式的指导性文件。教学大纲规定了教师教学工作的基本标准，同时其本身也可作为检查教学效果和教学质量的重要依据。

（一）制定教学大纲的基本要求

制定教学大纲要从实际出发，针对教学计划中设定好的学生培养目标和相关要求，科学、合理、准确地制定教学的总目标和总任务。

要以教学任务为依据，选择合适的教材，在大纲中加入主要的、基础的和先进的知识。要注意分清主次，制定出科学系统和实用的大纲。

要科学合理地安排教学课时，使理论教学和实践教学的比例较为适当，保证有足够的时间能够完成教学任务。

要合理安排教学考核的内容，选择合适的考核方法，使理论知识与实践考核的成绩在总成绩中占据合适的比例，有效考核教师的教学效果以及学生的学习效果。

（二）教学大纲的结构

教学大纲主要由三部分组成，具体如下：

说明部分，主要是用来说明该课程的教学目的和教学任务以及选择该课程教学内容的依据和内容的范围，安排教学计划。

基本部分，主要是将教学内容、教学要点、课时数量、教学要求、测验要求等内容详细地列出来。

教学参考书目，主要是给出教学中可用的各种参考书目，同时指导教学中教具以及现代化教学技术的运用。

（三）教学大纲的主要内容

教学大纲主要由于六部分组成，分别是教学目标、教学时数分配、教学基本内容、考核办法、教学基本条件和教学参考书目。

1. 教学目标

教学目标主要包括两方面的内容，分别是教育目标、知识和能力目标。其中，教育目标指的是按照球类运动的特点，教师对学生思想品德等方面进行的教育，使学生具有爱国精神、集体主义精神、顽强奋斗、自强不息等良好的思想品质。知识和能力目标指的是让学生通过教师开展的教学活动掌握该运动的基础知识和技能，让学生将来能够从事专项运动教学活动。

2. 教学时数分配

国家教育行政部门颁发的课程方案是确定教学时数的依据。在实际教学过程中，教学内容的时数应该按照实际教学情况进行分配，在分配教学时数时要突出教学重点，保证能有足够的教学时间来完成教学任务，更有益培养学生的知识和能力。

3. 教学基本内容

我国教育部下达了《普通高等学校本科体育教育专业九门主干课程教学指导纲要》，该文件中明确规定了高校球类运动教学课程的基本内容。教师可以根据各运动项目的发展情况，选择合适的技术、战术和训练方法介绍给学生。

4. 考核办法

教学考核的内容主要为学生对理论知识、技术、技能的掌握情况。对学生理论知识的考核通常采取的是笔试形式；对学生技术的考核通常采用的都是达标和技评的方式；对学生技能的考核通常采用的都是实习和实际操演的方式。教学大纲中对以上考核内容的具体项目和评分标准都作出了详细规定，考核均要按照教学大纲的规定进行。评定学生的总成绩时，教师要综合考虑学生日常学习中的思想品德、学习态度、基本知识和技能的掌握情况等方面的情况，再结合学生平时的考核成绩来进行评定。

5. 教学基本条件

为了能够按照教学大纲的规定正常进行教学活动，高校必须提供基本的教学环境和教学条件，如教学场地、教学所需器材等。

6. 教学参考书目

教师要按照教材的内容来选择教学参考书目，选择更多相关的知识和内容来扩大学生的认知体系，不断提高教学质量。

（四）制定教学大纲过程中的注意事项

第一，根据教学计划对本门课程的要求，分析并明确提出本课程的教学目标、内容范围和教学任务。

第二，根据项目特点、本课程的任务和时数，确定具体的教材内容，突出基本知识、基本技术的教学和技能的培养。

第三，注意教材内容的科学性、系统性和先进性。

第四，合理分配教学时数，注意理论与实践的合理搭配。

第五，考核内容应以基本理论知识、基本技术和基本技能为重点。考核方法应力求客观而全面地反映学生对这"三基"掌握的实际情况。

二、教学进度表

教学进度是把教学大纲所规定的教材内容，按照一定的要求和顺序，合理地分配到每次课中去。在整个教学进度的安排中要反映出教学计划的完整性和连贯性。（表 3-1）。

表 3-1　教学进度表

XXXX 年第 X 学期			
周次	课次	教学内容	备注

（一）编制教学进度表的基本要求

教师在编制教学进度表时要严格按照教学的规律、遵循教学的原则来进行。教学进度不是教材内容的简单分配，而是教学规律和教学原则的体现，它应达到科学合理、可操作性强的要求。

编制教学进度表也是教师业务能力和教学水平的体现。教师应该对球类运动的基本规律加以研究，并根据研究结果掌握相应的教学理论，更好地在教学过程中安排学生的理论学习与实践练习，安排好理论课与实践课的比例、进攻和防守技术战术教学的顺序，突出重点内容，带动一般内容，把能力培养贯彻到教学进度的全过程。

高校球类运动教学的重点内容主要包括三方面，分别是基本理论知识、基础技术与战术以及基本技能。教师在对教学进度进行编制时，要保证这些重点教学内容留有足够的教学时数，以此来保证学生能够完全掌握。一些教学任务有时无法只靠教学来完成，如培养学生在竞赛中的组织能力、管理能力、裁判能力等，这些教学任务需要教师将课内教学与课外教学活动结合到一起进行，这也需要教师在编制教学进度表时加以注意。

（二）制定教学进度表时的注意事项

根据高校球类运动发展规律和培养目标的要求，一方面要全面安排大纲中所规定的教学内容，另一方面要从实际需要出发，在课时分配上，突出重点，加强基本理论、基本技术和基本技能的教学与培养。

应保证每项技术、战术本身的系统性以及不同技、战术之间关系的合理性。因此，在安排教学进度时，既要由易到难，循序渐进，注意系统性，又要注意教材之间的横向联系，合理搭配。

本着理论联系实际的原则，根据不同阶段的教学任务与要求，有的放矢地安排理论课、教法课、实践课，把传授知识、掌握技术与能力培养有机地结合起来。

教学进度要与教学具体条件相适应（如场地、球台数量、上课班级人数以及学生的运动基础等）。

合理安排每次课的运动负荷，尽量做到大、中、小相结合。

安排进度时，要课内外结合、校内外结合。如裁判能力、组织竞赛能力与教学能力的培养与考核，要把课堂教学与课外作业和校内外的竞赛活动结合起来，把课堂教学实习和校内外教育实习结合起来。

三、教案

教案是教师为开展课堂教学活动而制订的工作计划，以教学进度中规定的教学内容为依据，在教师或者教研室集体进行备课的基础上形成的。新课程标准下，高校球类运动教案的设计要将学生作为教学中心，所以，教案要对学生的学习目标作出明确规定，选择合适的教学内容来开展教学活动，使学生能够完成教案中所要求的学习目标；此外，教师还要选择合适、多样的教学手段来提高学生的学习兴趣和学习积极性，让学生在愉快、轻松的课堂氛围中学习知识、掌握技能。总而言之，教师在设计教案时要保证教案内容的简洁明了，使其充分发挥作用，有效提高教学效果。

（一）教案设计的基本要求

教师在设计教案时，要明确教学任务、教学要求，所设计的教学内容要符合学生实际的学习需求，突出其中的重点知识和技能，选择科学合理的教学方法，切实落实教学中的安全措施，布置合适的教学场地。具体而言，教案设计的基本要求主要有以下几方面：

第一，教师对教案的设计要以教学进度的安排为依据，划分课程的内容，将其分为重点内容、一般内容和复习内容，并告知学生课程的学习任务，以便课程结束后对学生的学习情况进行检查和总结。

第二，教师要以教学的任务和进度为依据，对课程的基本类型进行确定，并为学生安排科学合理的运动负荷。

第三，教师要遵循教学中的各项原则，将教学内容有机地联系起来，使教学过程具有连续性，联系前后课次的教学内容。

第四，教师要按照学生的数量来对教学所需场地的大小、教学器材的种类和数量等内容进行计算。

（三）编写教案的方法与步骤

1. 以了解学生和钻研教材教法为基础

（1）了解学生

教师在编写教案前，要充分了解学生的基本情况，包括学生的知识掌握程度、技能基础、智力和体力的发展情况等方面，同时也要对教学过程进行合理的预测，提前考虑学生在学习过程中可能出现的问题以及应采取何种预防措施等内容。

（2）钻研教材

钻研教材就要对教学大纲的内容进行研究，充分了解该课程的教学目的和不同阶段的教学目标，掌握教材中涉及的教学内容的范围、深度和体系。教师在对教材进行钻研时，要对教材的重点和难点进行分析，选择与教学知识相关的资料来对教学内容加以补充。

（3）考虑教法

教师要根据教材的内容来确定课程的类型，以此为依据来安排教学活动，考虑教学中应选择的教学方法，保证教学的质量。

2. 确定课的任务

教师设计的教案中应提出正确、全面、具体的课程任务。正确是指教案中提出的教学任务要符合教学大纲的要求，能够满足学生的学习需求，适应学生的学习情况，教师要注意对基础不同的学生制订不同的学习任务，做到因材施教；全面指的是教案中提出的课程任务既包含教育层面的任务，同时也包含提高学生身体素质、技术和技能水平的任务；具体指的是教案中的任务非常明确。

3. 教案的基本结构

（1）准备部分

教案的准备部分通常分为两方面，分别为开课常规和准备活动。在开课常规中，教师要将本课任务、内容纲要、注意事项等内容囊括在内。准备活动的教学内容如果包含的动作较为复杂、难度较大，教师就要在教案中写明该动作的具体做法和要领，而对其中常规性的动作可以只写明其名称，并标上图示。

（2）基本部分

教案的基本部分中包括教材内容、教学方法、教学组织，教师应该写清楚教学动作的名称、做法、要领以及教学重难点等内容。此外，教师要对教材的组织形式和相关活动用文字和图示的形式加以说明。教师要在教学方法一栏中用文字清楚地表达对动作的讲解和示范以及对学生的练习顺序、时间、次数等内容的安排。

（3）结束部分

在教案的结束部分，教师要写清楚所开展的教学活动、所使用的教材名称以及采取的教学方法等内容。

4. 课后记录

课程结束后，教师要及时将本课的教学结果、优缺点、主要经验和教训等写入课后记录栏内，为教学工作积累资料，以便进行总结研究。

第四章　三大球类运动的训练方法与实践

　　篮球、排球、足球三大球运动是目前高校常见的球类项目，本章主要阐述篮球技术、战术和体能的训练；足球技术、战术和体能的训练；排球技术、战术和体能的训练的方法与实践。

第一节　篮球技术、战术和体能的训练

一、篮球运动的起源

　　1891 年，美国人詹姆斯·奈史密斯发明了篮球这项集体性的对抗竞赛活动。奈史密斯看到人们在寒冷的冬季中缺乏运动，就借鉴了桃园工人用球向桃筐做投准游戏的形式，并对其加以创新，将两个桃筐分别钉在看台的两个栏杆上，桃筐上沿距地面约 3.05 米，选用英式足球向篮内投掷，投中篮内得 1 分，以得分多少决定胜负。最初美国人称之为"奈史密斯球"，后又称为"筐球"，最后根据活动的主要目的是向悬空的篮筐中投球，便形象地命名为"篮球"。直到 1893 年，篮球游戏活动内容经过不断充实和改进，制定了最初的规则，形成了现代篮球运动的雏形。

二、中国篮球运动概况

　　篮球运动于 1895 年由传教士莱会理传入我国，1896 年 3 月 26 日天津青年会举行了我国第一次正式篮球比赛，随后篮球运动又发展到北京、上海、广州等大城市的青年会组织和教会学校。中华人民共和国成立后，在体育运动"普及与提

高相结合"方针的指导下，篮球运动得到了蓬勃的发展。

三、篮球基本技术训练

篮球基本技术是篮球运动的基础，是进行篮球运动所必需的专门技术动作的总称。它分为进攻和防守两大部分。它包括：球性、脚步动作、传、接球，运球、运球突破、投篮和抢篮板球以及防守的各种技术。

（一）球性训练

球性是练习者能够掌握其他技术的基础，指的是驾驭球的能力。如果一个人具备好的球性，那么他就可以在练习时达到人球合一的状态。

球性的训练方法有以下几种：

1. 持球环颈

练习者把球放到颈部一侧，用一只手将球从颈后传到另一只手上。这个过程中要保持较快的速度，不能让球落到地面上，也不能让球碰到掌心。

2. 持球环腰

练习者把球放在腰部一侧，用一只手将球从腰部后方传到另一只手上。这个过程中要保持较快的速度，不能看着传球，其他要求同上一种方法。

3. 手指交互传球

练习者保持双手手指朝上的状态，用第一指掌推弹球。这一过程中要保证推弹和传球的速度要快，将施力点放在球的下半部分。

4. 原地低手控球

练习者要使双脚保持与双肩同宽，屈膝，右手压球，保证球的高度低于腰部，同时不能看球。

5. 双手交互用力传球

练习者要掌心朝上，将球置于手中，高举后再将球下传至另一只手中。要注意在高举后用力传球，保持持球的稳定状态。

6. 持球环绕双脚"S"形

练习者将球放在一只脚的侧面，将球从胯下以"S"形的路径绕到另外一只脚的侧面。这个过程中要保持较快的动作，不能用眼睛看球，不能让球掉落，同时还要保证不能让球碰到自己的手掌心和双脚。

7.贴地运球

练习者把球放在地面上，用手快速地拍球，并且保持较快的节奏运球。要注意这个过程不能用手掌心来拍球，同时球的高度要低于5厘米，眼睛不能看球，保持较快的速度和频率。

（二）脚步动作训练

脚步动作是篮球基本技术的基础，它通过各种快速、突然的脚步动作达到进攻时摆脱防守，防守时盯住对手，以争取攻守主动的一种手段，也是比赛中运用最多的一项基本技术。

1.基本站立姿势

两脚前后开立或左右开立，距离约与肩同宽，两腿微屈，重心落在两脚之间，略收腹含胸、屈肘，两手置于体侧前方（图4-1）。

图4-1　篮球脚步站立姿势

2.脚步动作

（1）起动

起动是队员由静止状态转变为运动状态的动作。

上体迅速前倾或侧转，向跑的方向移动重心，手臂协调地摆动，脚要充分利用蹬地的反作用力，迅速向跑的方向迈出。起动后的前两三步，两脚的前脚掌要短促用力蹬地，并配合以快速的摆臂动作，使之在最短的时间内充分发挥速度。

（2）急停

急停是队员在运动状态下突然改变为静止状态的动作方法。急停分为跨步

（两步）急停和跳步（一步）急停。跑动中突然急停可以甩开防守者，所以急停技术在比赛中被广泛使用。

跨步（两步）急停：队员在快速跑动中利用跨步的方法突然制动。要领是一腿先向前跨出一大步，脚尖稍外转，用全脚掌外侧着地，身体稍后仰，接着屈膝，降低重心；另一腿跨出第二步时，脚尖稍内转，用脚前掌内侧蹬地，保持身体平衡（图4-2）。

图4-2 跨步（两步）急停

跳步（一步）急停：队员采取跳步的方式来实现突然制动的目的。跳步的方法是队员在移动过程中采取单脚或者双脚起跳的方式，上身微向后仰，两脚脚掌同时平行着地，两腿弯曲，两只手臂屈肘微张，利用前脚掌内侧与地面之间的摩擦力来使身体保持平衡。（图4-3）。

图4-3 跳步（一步）急停

（3）跨步与转身

跨步与转身是摆脱防守者进行传球、切进和掩护时常用的技术动作，是以一只脚作为轴，另一只脚在轴心前或左、右跨出的一种步法。

转身是以一只脚为轴，另一只脚向任何一方移动并加上体转动的动作。根据身体转动的方向，转身分前转身和后转身：移动脚经中轴脚向前跨步并转体为前转身，移动脚经中轴脚向后跨步并转体为后转身。转身前两膝微屈，上体稍前倾；转身时，重心移到中轴脚上，并以中轴脚掌为中枢，用移动脚的前脚掌蹬地，借助上体转动来做转身动作。

（4）滑步

滑步是比赛中防守队员常使用的技术。运用适当的滑步可以形成好的防守效果，达到有效阻止进攻的目的。

根据滑步的方向，滑步可以分为侧滑步、前滑步和后滑步。

侧滑步：从基本姿势开始，向一侧滑步时，先跨出同侧脚，同时另一只脚蹬地滑动靠近，两脚之间保持一定的距离。

前滑步：从基本姿势开始，向前跨出一步，同时后脚紧随向前滑动，两脚保持一定的距离前后开立。

后滑步：动作方法与侧滑步相同，滑动的方向相反。

（三）传、接球

1. 传球

比赛中控球方有目的地转移球的方法称为传球。传球包括双手胸前传球、单手肩上传球和行进间传球。

（1）双手胸前传球

双手胸前传球的方法较为准确，且容易控制，能够在较短时间内变换动作，所以是一种较为常用的基本传球方法。

准备传球时，双手十指分开，拇指相对，两食指呈"八"字形，用指尖、指腹和指根触球，两手心空出。两肘不要外展太多，使肩部、手臂和腕部的肌肉处于放松的状态，身体直立。传球时，后腿蹬地，身体重心向前移动，同时两臂前伸，手腕由下向上翻转，同时拇指用力向下压，食指、中指用力弹拨，将球传出。出球后手心和拇指向下，其余手指向前。

（2）单手肩上传球

单手肩上传球主要被运动员用于中远距离传球的情况下。这种传球方式需要较大的力度和较快的速度，对于比赛过程中抢篮板球后迅速组织快攻具有很大的优势。

（3）行进间传球

行进间传球主要被运动员用于比赛中需要加快进攻节奏、缩短传球时间的情况中。这种传球方法需要两名队员的配合，既可以用单手传球也可以用双手传球。

2. 接球

（1）双手接球

接球时，接球者要面向来球，两手分开，两臂伸出迎球，当手接触球的一瞬间，两臂随球后引，持球于胸前。若来球力量大，身体可向后移动，以缓冲来球的力量。

（2）单手接球

单手接球和双手接球的方式存在一些相同的地方，在单手接球时，运动员的手臂要带着球向后退，把球放在胸前的位置。

（四）运球动作

运球是指队员在原地或者移动过程中单手连续拍按球，使球与自己一起运动的动作。运球在篮球比赛中具有非常重要的作用。运球动作分为四个环节，分别为身体姿势、手臂动作、球的落点、手脚协调配合。

1. 身体姿势

运动员在运球时，其双脚应该前后自然开立，两腿微曲，上半身稍微向前倾，抬起头，使眼睛平视前方。不负责运球的手臂要弯曲肘部，将其平抬起来，使球能够在自己的控制范围之内，脚部动作以及下肢各关节的动作要随着运球速度和高度的变化而变化。

2. 手臂动作

运球时，运动员要保持五指张开的状态，用手指、指跟和手掌外缘等部位与球身接触，但是要注意不能让手掌心碰到球。在较低的高度运球时，要将腕关节作为轴，运用手腕和手指的力量；当进行身前运球和变向高运球时，要将肘关节作为轴，运用前臂、手腕和手指的力量；当进行体侧或者侧后的提拉式运球时，要将肩关节作为轴，运用上臂、前臂、手腕和手指的力量运球跑；当拍按球时，运动员的手应该随着球的运动而运动，将控球的时间尽量延长，以此来保护球并根据场上的情况改变自己的动作。

运球的方向和速度会决定运动员拍按球的部位，而按拍球的部位不同，运动员运球的方式也不同，导致运球的入射角不同，球反弹起来的反射角也不同。当运动员在原地运球时，要拍按球的上方；当运动员向前运球时，则要拍按球的后上方。

3.球的落点

运动员在运球时，要注意控制球的落点，让球一直处于自己能够控制的范围之内，以便自己可以随时动用身体的其他部位来保护球，同时也能使自己更加快速地采用其他战术。例如，当运动员向前运球时，应该使球的落点处于自己身体的侧前方，同时随着推进速度的改变，不断调整自己和球之间的距离；如果对手对自己紧逼防守，那么自己应该使球尽量远离对方，此时可以采取的方法是侧对防守法，让球落到自己身体的侧后方，以便更好地保护球，根据实际改变运球方式，突破对方对自己的防守。

4.手脚协调配合

在运球的过程中，运动员脚下的移动速度和手上的运球速度要协调一致，两个动作要形成一定的节奏感。那么怎样才能使手脚的动作协调起来呢？其实真正应该注意的是在运球的时候注意拍按球的部位，落点的选择和使用力量的大小。当脚步的移动速度加快，拍按球的部位就会落在后下方，落点也就更远，反弹的力量也就更大。手部动作和脚步动作要有一定的比例关系和节奏，一般来说，在直线运球的时候拍一次球就要跑两步。

（五）运球技术

1.高运球

运球的时候，球反弹的高度到达腰部和胸部之间的就属于高运球，高运球的使用一般是在没有防守队员的阻挠下进行的，其目的是加快推进的速度，或者调整进攻的速度和攻击的位置。

在高运球的时候，上半身向前稍微倾斜，抬头看向前方，手部拍按在球的后上方，让球落在身体侧前方；整个过程在手脚有节奏地配合下进行，将球向前运行。

2. 低运球

运球反弹的高度只到达膝关节下方就属于低运球。一般低运球的使用多发生在有对手紧逼的情况下，或者快要接近防守队员的时候，其目的是保护球，摆脱防守。

在运球的时候两只膝盖迅速弯曲，将身体的重心降低，抬头看向前方，上半身向前倾，不能正面面对防守队员，要面对对方的一侧，上半身和腿注意保护球。同时，手腕和手指短促地拍按球，这样是为了更好地控制球的运行。

3. 运球急停急起

这种技术是为了面对防守时让运球的速度突然变化来摆脱对方，一般当对手的防守比较紧张的情况下使用。先是快速运球，然后突然停止向前进，这时对方也被迫减速停下，这时候就要趁对方停下时的动作还没站稳，再突然加速运球，向前运行，也就摆脱了对方。

当运球的时候突然停下，手就要快速拍按球的前上方，两只脚呈跨步状态，选择低运球，手臂和上半身再加上腿都要保护球。当突然加速向前运行的时候，后脚蹬地，球的拍按点变成了后上方。

4. 体前变向换手运球

运动员采用突然改变运球的方向来突破防守的运球方式就是体前变向换手运球。当对手将运球前方的路线堵截的时候多采用这种方式。比如说当运动员右手运球要突破对手的右侧，就要向对手的左侧快速运球，这时候对方就会向着左侧堵截，然后趁此机会突然向右变道。右手拍按球的右后上方，并靠近身体向左侧送拍球，使球落在身体的左侧前方反弹，右脚迅速向左侧前方跨出，上体左转并前倾探肩，换手拍按球的后上方，加速运球突破。

5. 运球转身

当防守者堵截在运球的一侧并且离自己距离十分近的时候，就要向后转身将运球的方向改变，这样也就突破了防守，这就是运球转身的方法。

比如说当运动员采用右手运球，采用转身方式时是侧身对着防守，将球控制在身体的右侧，左脚在前方，作为中枢轴，运球拍按点在右侧上方，然后转身的同时右脚蹬地后撤，球运行到身体的后侧方，当球反弹上来时变成左手运球，从对方的右侧突破。

（六）运球突破

运球突破的技术要求十分高，是一种攻击性运球方式，无论在脚步动作上还是运球技术上都要比对手高超。一般来说，运球突破会和中投、分球结合运用，这样才能达到机动灵活的显著效果。

1. 交叉步突破

（1）动作方法

比如说将右脚当作中枢脚。双脚分开，两只膝盖微微弯曲，身体的重心也随之降低，将球拿到胸腹之间，右脚的前脚掌利用内侧蹬地。上半身向右稍微旋转，左侧的肩膀向下压，身体的重心向着肩膀的前方移动，左脚向着右侧的前方位跨出，变成右侧运球，中枢脚也就是右脚向前方跨出，快速超越防守。

（2）动作要点

蹬脚动作和跨腿动作要迅速，转体的时候要微微探肩保护球。

2. 顺步突破

（1）动作方法

准备的姿势和突破对手之前的动作和交叉步要相同，在突破的时候，右脚向着右前方跨步，身体向右转体，微微探肩，重心移到前方，右手运球的同时左脚的前脚掌蹬地，向着右前方跨出，这样也就突破了防守。

（2）动作要点

蹬脚动作和跨腿动作要迅速，转体的时候要微微探肩保护球，第二只脚蹬地要迅速。

3. 后转身突破

（1）动作方法：这里将左脚作为中枢脚来举例说明。身体背对着球篮站立，双脚或者平行或者前后分开，膝盖稍微弯曲，身体重心下降，将球用两手拿到腹部前方。在突破的时候以左脚为中轴转身，右脚向着右后方跨步，上半身右转，直到脚尖冲着侧后方，将球放在右脚前方，左脚内侧蹬地，向着球篮的方向跨出，直至防守被突破。

（2）动作要点

重心要控制好，身体保持平衡。右侧向右侧后方跨出的时候脚尖的方向不能出错。

4.前转身突破

（1）动作方法

还是以左脚作为中枢脚举例说明。在之前的准备动作和后转身的准备动作相同。当突破时，身体的重心转移到左脚上，右脚的前脚掌内侧着地，以左脚为中轴，当身体转动的时候右脚向球篮的方向跨步，左侧的肩膀向着球篮的方向压，用右手运球，左脚蹬地向前跨，直至防守被突破。

（2）动作要点

转移重心的动作要和蹬地运球的动作连贯起来。

（七）投篮

1.投篮时的持球方法

（1）单手的持球方法

以原地单手投篮为例。投篮手五指分开，以指根以上的部位托住球的后下方，掌心空出，手腕向后仰，让中指和食指的指根称为球的重心点，肘关节向下垂，球的位置要放在同侧的肩膀前上方。

（2）双手的持球方法

以原地双手胸前投篮为例。两只手的手指成自然分开状态，拇指相对形成"八"字，用指根之上的部位持球，手放在球的两侧后下方，掌心是空心状态，两条手臂屈肘，自然下垂，球放在胸部和下颌之间。

2.投篮的动作方法

（1）原地双手胸前投篮

双手持球于胸前，肘关节自然下垂（不要外展），上体稍前倾，两膝微屈，身体重心放在两脚之间，目视投篮目标。投篮时，两脚蹬地，腰腹伸展，两臂上伸，拇指向前压送，两手腕同时外翻，指端拨球，用拇指、食指、中指投出，腿、腰、臂自然伸直。

（2）原地单手肩上投篮

右手五指分开，向后屈腕，屈肘持球于肩上（或高些），左边手扶着球，右脚向前，两脚之间的位置就是重心的位置。上半身向前稍微倾斜，膝盖微微弯曲，上半身的肌肉要放松下来，眼睛盯着篮筐。在投篮的时候脚要用力蹬地，腰腹伸展，抬肘，手臂向上伸，手腕、手指前屈，指端拨球，用中指、食指将球投出，手臂向前上方自然伸直。

（3）行进间单手肩上投篮

以右手投篮为例，右脚向前跨一大步的同时接球，左脚迅速蹬地起跳，右脚屈膝上抬，双手举球于右肩前上方，腾空后，上体稍后仰，当身体跳到最高点时，右臂向前上方伸展，手腕前屈，食指、中指用力拨球，通过指端将球投出。

（4）行进间单手低手投篮

右手投篮时，一般右脚腾空接球落地，接球后的第一步稍大，然后第二步稍小，继续加速，降低重心，用左脚向前上方起跳。腾空时间要短，持球手五指自然分开，托球的下部，手臂向上伸展。接近球篮时，手腕柔和上摆，食指、中指、无名指向上拨球，球碰板或空心投篮。

（5）原地跳起单手肩上投篮

以右手投篮为例。双手持球于胸前，两脚前后或左右自然开立，两腿微屈，重心放在两脚之间。起跳时两腿迅速屈膝，脚掌用力蹬地向上起跳，双手举球至肩上，右手持球，左手扶球的左侧方。当身体接近最高点时，左手离球，右臂向前上方伸直，手腕前屈，食指、中指拨球，通过指端将球投出，落地时，屈膝缓冲，准备下一个动作。

（八）防守

防守的目的是争夺球的控制权，运动员采用脚步移动和手臂的动作将有利的位置占据，将对手的进攻无论是意图还是已经采取的堵截行动破坏。

1. 防守无球队员

对无球队员的防守，一般站在对手和球篮之间，向有球的一侧偏离。要根据对手和球的移动采取各种动作，比如上步、撤步、滑步、交叉步等各种跑步动作，再加上身体动作抢占有利的防守位置，堵截其摆脱移动路线。当和对手遭遇对抗的时候，重心下降，双腿用力，两臂屈肘外展，扩大站位面积，上体保持适宜紧张度，在发生身体接触瞬间提前发力合理对抗。

2. 防守有球队员

防守有球队员时，应站位于对手与球篮之间的位置上。平步防守时，两脚平行站立，两手臂侧伸，不停地挥摆，适合于防运球和突破。斜步防守时，两脚前后站立，前脚同侧手臂向前上方伸出，另一手臂侧伸，适合于防守投篮。

四、篮球基本战术

在篮球比赛中，队员采用的所有攻守方法的总称就是篮球战术，需要队员有着技术运用能力和相互协调配合的能力。

（一）个人战术配合

1. 传切配合

两三名队员采用传球和切入的两种方式进行简单的配合就是切传配合。一般来说切传配合分为一传一切和空切两种形式。一传一切是当队员将球传过来的时候自己奋力摆脱防守，占据篮下位置，接到球之后直接投篮。空切是当没有球的队员看准时机，摆脱对手转移到防守薄弱的区域接到球投篮或者做一些其他的配合。

2. 突分配合

持球的队员在突破围攻时和同伴传球配合的方法。

3. 掩护配合

进攻的队员选择好适合的位置，利用自己的身体挡住自己队员的防守者，让队员摆脱防守。一般根据掩护的位置可以分为前掩护、侧掩护和后掩护。

4. 策应配合

当内线的队员拿到球之后，就以这名内线队员为枢纽，和外线的队员配合起来，里应外合。

（二）防守战术基础配合

1. "关门"与夹击配合

指邻近的两个防守队员协同防守对方进攻队员的配合。

2. 挤过、穿过、绕过配合

当进攻队员进行掩护时，防守掩护者的队员主动让同伴从自己身旁挤过、穿过、绕过后继续防守对手。

3. 补防配合

两三个队员之间协同防守的配合。当同伴被进攻者突破而对方有可能得分时，邻近防守队员立即放弃自己的对手进行补防。

4. 交换防守配合

为了破坏进攻队员的掩护配合，防守队员之间彼此及时地交换自己所防对手的一种配合方法。

（三）全队战术配合

1. 进攻半场人盯人防守

要积极移动、跑位、穿插，寻找机会，通过传切、策应、掩护、突分等基础配合，针对对方防守情况和本队队员身高、技术特点等，调动全队积极性，发挥每个队员的技术特长，争取主动进攻。如对方扩大防区，可采用策应、传切、突分等配合；对方缩小防区，可采用掩护结合中距离投篮的配合或利用中锋策应配合等，给同伴创造良好的进攻机会。

2. 进攻区域联防

进攻队针对布置好的防守阵式、特点和薄弱环节，根据本队的情况，组织有针对性的以多打少的进攻战术。以"2-1-2"联防为例，其薄弱区在两腰和罚球区端线处。进攻时采用"1-3-1"站位，这种阵式，队员分布面广，攻击点多，便于内外联系，左右配合，有利于组织抢篮板球和保持攻守平衡。"3-2"联防阵式的薄弱区是底线两角和中区地带。"2-3"联防的防守薄弱区主要在侧面的两腰。

3. 快攻

快攻是指由防守转入进攻时，以最快的速度、最短的时间在人数上造成以多打少的优势，或趁对方立足未稳时，果断地进行攻击的一种进攻战术。

组织形式：长传快攻、短传快攻、运球突破快攻。

时机：抢到防守篮板球时，后场掷界外球时，跳球得球时，抢、断球后。组织快攻应在对方还未部署好防守之前，给对方以突然袭击，要起动快、传球快、运球快、突破快，并要求有较强的快攻意识和顽强的意志品质，力争形成无人防守或以多打少的有利进攻局面。

（四）全队防守战术配合

1.半场人盯人防守

半场人盯人防守是指当进攻转入防守时，迅速退回后场防守，每个队员盯住自己的对手，以一防一，同时进行集体防守，防守时对有球一侧持球者采取紧逼防守。防无球队员时要错位防守，积极控制对方的进攻重点，干扰其接球。无球一侧的防守人则向有球一侧靠拢，积极移动，抢占有利位置，以加强协防。

2.半场区域联防

半场区域联防是指当进攻转入防守时，全队迅速退回后场，每人负责一定的防守区域，严密防守进入该区的球和进攻队员，同时又进行联合防守。区域联防时，要以球为主，根据球的不同位置，进行及时、快速地移动，互相补防，动作协调，紧密配合。要观察对手的传球方式，了解对手的进攻意图。区域联防的队形有"2-1-2""2-3""3-2""1-3-1"等。其中以"2-1-2"为基本形式，这种站位队形易于联系协作，外围队员能防守中远距离投篮，篮下能经常保持三角形的防守范围，可以有效地控制篮板球和中锋的进攻。进攻队员利用运球突破时，要快速夹击，同时兼顾自己的防守。

3.对快攻的防守

首先要堵截快攻第一传和接应一传，制造进攻队员的运球、传球、跑动上的困难，减慢进攻速度，为本队防守积极争取时间。防堵进攻快下的队员，要提倡1防2、2防3、以少防多的配合，在积极拼抢进攻篮板球的同时提高进攻成功率。

五、篮球运动体能训练

（一）篮球运动力量素质训练方法

为篮球运动提供力量的主要还是人体的肌肉，肌肉进行收缩的时候会产生最大力量、快速力量和力量耐力等各种力量能力。力量训练一般包含这个要素：负荷强度、练习密度、运动量和练习间歇时间。

在训练的过程中，对某个身体部位的训练不能一直持续，需要和其他部位交替进行，上肢、下肢和躯干要搭配起来训练，这样才能让身体的力量达到全面发展。比如，先训练腿部，然后训练躯干和臀部的肌群，再训练腹部力量。

1. 上肢力量的练习

负重推举（两个人面对面站立，两人的距离适当，然后相互推手）。

卧推（两人组成一组，一个人仰卧，另一个人用自己的体重向下压，然后让对方推起）。

两个人组成一组，一个人呈侧平举状态，另一个人将手腕压下对抗。

负重伸屈臂。

2. 腰腹力量练习

仰卧举腿，仰卧折体，仰卧挺身。

跳起空中收腹、手打脚、转身、空中传球或空中变化动作上篮等。

单、双脚连续左右跳过一定高度。

3. 下肢力量练习

徒手半蹲或背靠墙半蹲。

徒手单腿深蹲起。

两人一组，利用人的体重进行负重半蹲起。

负重提踵。

（二）篮球运动速度素质训练方法

篮球专项速度能力主要表现为局部速度和综合速度。局部速度主要反映篮球运动员的反应起动能力、快速动作能力以及在完成快速动作中的位移能力。综合速度能力就是指上述三种能力整合速度的快慢。

速度训练的要点就是将基本的速度能力提高，将技术动作的结构速度要素进行改善，这样也可以帮助运动员提高判断反应的时间。

1. 各种基本步法练习

原地快频率移动、小步跑、后踢腿跑、后踢腿外翻脚、手打脚跑、高抬腿跑、直线交叉步、左右侧交叉步跑、跨步跑结合加速跑，各种方向的抢滑步练习。

2. 各种起动跑练习

原地或移动中，根据教练员的信号突然起动或加速快跑。

听口令折回跑。

5 米折回抢滑步。

起跳落地，立即起动侧身加速快跑。

原地活动，听口令全速跑 10~20 米。

3. 各种姿势、各种距离跑练习

用各种姿势起跑，全速跑 30 米、60 米或 100 米，改进和提高跑的技术和速度。两罚球线、两端线及各种距离的往返接力跑。

4. 结合球的速度练习

快速运球上篮。

球引人加速快跑接传球上篮。

两人全场快速传球上篮，传球次数要少。

（三）篮球运动耐力素质训练方法

人体能够长时间持续工作的能力就是耐力。篮球运动员的耐力素质至关重要。耐力素质根据运动员的氧代谢特征分为有氧耐力和无氧耐力。

良好的耐力是篮球运动员的必备素质，只有耐力充足，才能时刻保持精力充沛，保有旺盛的斗志，保证技术的正常的发挥。耐力素质训练方法主要包括以下几种：

一般耐力素质可采用中长跑、越野跑、爬山等方法。

短距离如 30 米、60 米、100 米、反复冲刺跑，随着训练水平的提高，每次跑的间歇时间可逐步缩短。

利用各种横线做往返折回跑运球。

全场反复快速运球上篮，两三人全场反复快攻练习，1 对 1、2 对 2、3 对 3 全场攻守或攻守转换练习等。

各种跑、跳、防守脚步动作、投、突、传、运等动作组成的全场综合练习。

连续进行长时间的各种攻守技术练习和全场攻守比赛。

（四）篮球运动柔韧素质训练方法

关节的韧带屈伸旋转的活动范围和肌肉拉长的幅度体现的就是运动员的柔韧性。柔韧性的好坏受到关节的骨结构，胯骨关节的韧带、肌腱、肌肉和皮肤的伸展性及弹性的影响决定。拥有良好的柔韧素质才能确保运动员对技术的掌握和发挥。

运动员的关节韧带是素质训练的必要锻炼项目，尤其是腰、胯、肩、腿、踝关节韧带。将韧带拉长可以加强韧带的弹性，这样既能帮助运动员增加动作的灵活性，也有利于提高力量和速度。柔韧素质训练的方法包括以下几种：

两只手手指交叉相握，手心朝外，做压指和压腕的动作，手臂依次向下方、前方和上方伸展充分。

两只手手指交叉相握，手臂向上伸直，身体左右伸展。

两只手臂做不对称大绕环转肩的动作，然后两只手在背后分别从上下两个方向向对面拉伸。

双脚并直站立，上半身向前微微弯曲，直到手臂能摸到脚部或者地面；身体也可以侧转摸到另一侧脚的脚跟。

两只腿交叉站立，上半身向下弯曲摸到脚或地面。

双腿分开站立，髋关节向前挺，手向后摸到脚跟。

双腿一前一后站立，脚跟着地做弓箭步，然后向下压腿。

"跨栏步"练习，压腿和胯。

左右弓箭步练习，将手放在脚上，交替进行左右弓箭步。

两个人一组，背对背站立，然后转体击掌练习。

和同伴做压肩、拉肩、转肩背和各种压腿拉腰、背及全身伸展练习，有条件的也可以利用器材练习。

（五）篮球运动弹跳力素质训练方法

人体依靠下肢和全身的协调来调动力量，让身体迅速弹起腾空这种能力就是弹跳能力。弹跳素质对篮球运动员也十分重要。

弹跳素质不是单独的身体素质能力，是一项综合素质。在训练弹跳能力时重点关注力量、速度和协调性，加上技术训练。将下肢的力量提高，然后提升身体的爆发性。

跳绳练习（单脚、双脚、原地跑步、高抬腿等），单摇和双摇跳。可规定时间和次数进行。

单脚连续跨跳或蛙跳 28 米若干次（每次要求到达步数）。

两脚交替直线向前跨跳和直线向前左、右跨跳。

连续深蹲跳（或跳起摸一定高度）20 次。

连续半蹲跳、跳深、收腹跳。

单脚徒手全力跳上、下台阶。

两人一球，5 米距离，互相跳传。

原地起跳连续摸篮圈或篮板，行进间跳起摸篮，原地上步摸篮或篮板。

行进间摸篮筐（或篮板）接原地起跳摸篮筐或篮板。

向篮板抛球，然后跳起空中补篮，三人一球连续进行。

一人持球在篮下左、右连续跳起投篮，要求在跳到最高点时出手。

持球跳起空中连续托球打篮板练习，要求在最高点触球。

全队一球，行进间跳到空中连续打篮板练习，要求跳到最高点触球，手臂、身体充分伸展。

两人一球，分别站在篮下左右侧，连续跳起空中碰板对传球，要求身体跳到最高点触球。

向左或右上步断高传球练习，要求跳到最高点断球。

（六）篮球灵敏素质训练方法

人体在各种复杂的条件下能够快速、协调、准确和灵活地完成动作的能力就是灵敏度，这属于一种综合的素质。提高身体的灵敏度可以帮助掌握和运用各种复杂的技术，也可以帮助提高篮球场上的应变能力。

在原地进行快频率的碎步移动加上各种变化的步法进行练习。比如移动的时候变成两次跳转 180 度还原；或者在移动时加上两腿交叉还原；或者接快速原地前后弓箭步跳两次还原。注意还原的过程中还要保持原地快频移动。

模仿练习，两人一组全场进行各种前后踢腿跑，前后同侧手打同侧脚跑，前后交叉手打脚跑，跳摆踢腿跑。

模仿练习，两人一组各种运球动作的模仿。

徒手一对一，互相用手拍对方的肩或脚，或用脚踩对方的脚。

一对一各种追逐、躲闪练习，或运球队员在运球中追打无球队员，无球队员可任意跑躲开运球者的追打。

双球抛接，不同距离、不同方向的困难球。

快速奔跑中接地滚球或高抛球上篮。

脚步综合性练习，把各种脚步动作组成综合性练习。如：向侧大幅度或小步幅快频率交叉跑；不规则的碎步向前、后、左、右跑；攻击步向前、向后快速移动；两点相距 5 米的"8"字跑，也可结合滑步进行；左、右移动，见信号起动。

两人一组在圆圈线上进行追逐。

在篮球场内进行足球或自由手球比赛（不限走步）。

第二节　足球技术、战术和体能的训练

一、足球运动的起源

足球运动是一项历史悠久的体育活动，在世界体育运动项目中有着广泛的影响力，被人们称为"世界第一运动"。足球最早起源于中国，后来被来到中国的阿拉伯人传到了欧洲，经过多年的发展，最终发展成为现代足球。所以我们可以说，中国是足球的故乡。世界上第一个足球组织是于 1863 年 10 月 26 日在英国伦敦成立的，该组织就是英国足球协会。该协会将这项运动正式命名为足球，并为该运动制定了 14 条原则。因此，国际足坛将英国足球协会成立的那天作为现代足球的诞生日。1900 年，足球被第二届奥运会列为正式比赛项目。

二、中国足球运动的概况

19 世纪末 20 世纪初，现代足球运动从西方国家传入我国，香港、上海是中国开展现代足球较早的地方，随后逐渐发展到其他城市。1931 年，中国加入国际足球联合会。

我们将足球运动列入重点运动项目，足球运动得到大力推广和发展。1979 年国际足联恢复了我国的合法席位，为我国足球队参加国际比赛创造了有利条件，这促进了我国足球水平的进一步提高。

三、足球基本技术训练

足球技术是指运动员在足球比赛中，运用身体的合理部位所做的各种动作的总称。常用的足球基本技术有踢球、运球、接（停）球、头部顶球、抢截球、掷界外球和守门员技术。

（一）踢球

踢球是指场上队员运用脚有目的地使球到达目的地的动作方法，是足球比赛中的重要技术动作之一，在比赛中多用于传球和射门。下面主要介绍脚内侧踢球、脚背正面踢球、脚背内侧踢球、脚背外侧踢球、脚跟踢球的基本技术。

1.脚内侧踢球

（1）助跑

跑三步至五步，最后一步较大。注意跑动的轻松协调。

支撑脚站位：从脚跟着地快速过渡到全脚掌着地，支撑腿微屈，支撑住身体重心，支撑脚脚尖在球体一半的延长线上，距球 10 厘米左右。

（2）摆动腿摆动

髋关节为轴，大腿带动小腿摆动，当大腿和地面垂直时，小腿加速前摆。

（3）脚触球

用脚内侧击球的正后方，在脚和球接触瞬间脚踝要紧张，以脚拇指上跷来体现。

（4）随前动作

触球后，踢球腿放松前摆后落地，支撑腿前蹬迅速调整好身体平衡，为下一个动作做准备。

2. 脚背正面踢球

适用于中长距离传球和射门。比赛中常用脚背正面踢定位球、空中球和反弹球等。

（1）踢定位球

采用直线助跑，一只脚在球的侧方 15~20 厘米处做支撑，脚尖冲着球，弯曲膝盖，踢球的腿要后撤屈膝。支撑脚着地的时候大腿带动小腿向后摆。直到膝盖到达球的垂直上方时小腿紧接着向前摆，脚背要绷直，脚尖垂直于地面，脚背正面击球，击球点在球的后中部。

（2）踢空中球

身体面对来球，支撑脚的脚尖指向出球方向，上体向支撑脚一侧倾斜。当球下落至髋关节高度时，大腿上提并立即加速前摆小腿，用脚背正面击球的后中部，同时身体也随之向出球方向扭转。

（3）踢反弹球

判断好来球的落点和角度，选定支撑脚的位置，在球落地的瞬间，小腿急速前摆。当球刚反弹离地时，用脚背正面击球的后中部。

3. 脚背内侧踢球

踢球脚触球时，以脚背内侧部位触球。这可以增加踢球的力量和速度，经常用于踢定位球和远距离射门。使用脚背内侧踢球时，斜线助跑，助跑方向与击球方向约呈 45 度角，支撑脚在球的侧后方 15~20 厘米处，膝关节弯曲，脚尖指向出球方向，身体稍向支撑脚一侧倾斜。支撑脚着地的同时，踢球腿以髋关节为轴，大腿带动小腿由后向前摆，膝关节摆到接近球的内侧垂直上方时，小腿加速前摆，脚尖稍外转，脚面绷直，脚趾扣紧，脚尖指向斜下方，以脚背内侧击球的后中部，踢球腿跟随球继续前摆。

4. 脚背外侧踢球

脚背外侧踢球的特点是隐蔽性强，用于跑动中射门或外弧线射门。其动作要领与脚背正面踢球相同，只是触球的一刹那，踝关节和脚背用力向内侧扭转，脚面绷直，脚趾扣紧，用脚背外侧踢球的后中部。踢球后，踢球腿自然前摆。

5. 脚跟踢球

脚跟踢球的特点是隐蔽性强，适用于突然改变方向的短距离传球。在使用脚跟踢球技术时，支撑脚踏在球的一侧，踢球腿先向前摆出，然后屈膝后摆小腿，由脚跟把球向后踢出。球在支撑脚的外侧时，踢球脚可跨向支撑脚前，再向斜后方交叉后摆，用脚跟将球向后踢出。

（二）运球

运球技术是足球运动中十分重要的技术，是场上队员控制球最常见的技术动作之一。在比赛中，运球技术还常常是其他技术动作的基础。在战术运用中，运球技术也有很重要的地位。常用的有脚背内侧运球、脚背外侧运球等。

1. 脚背内侧运球

跑的过程中身体要放松下来，迈步的幅度要小，上半身向前稍倾，运球的脚向上提起的时候膝盖微微弯曲，脚后跟向上提起，脚尖向外稍微转动一些，脚背的内侧推拨球，运球点在球的后中部或后侧中部。

2. 脚背外侧运球

跑动中身体自然放松，上体稍前倾，两臂自然摆动，步幅小而短促，运球脚提起，膝关节弯曲，脚尖稍内转，用脚背外侧推拨球的后中部。

（三）接（停）球

接（停）球是指队员有目的地利用身体合理触球（各部位）部位将运行中的球接（停）在所需要的可控范围内的一种技术动作。接（停）球是为了更好地处理球，它是技术动作衔接的锁链，是战术变换的枢纽。在完成时要力求快速、简练、合理、多变。下面主要介绍脚部接球和胸部接球。

1. 脚部接（停）球

（1）脚内侧接（停）球

①接地滚球：支撑脚正对来球方向，膝关节微屈，上体稍前倾，身体重心在支撑脚上。接球脚提起，脚掌与地面平行，脚内侧对准来球。当脚触球时，迅速

后撤，以缓冲来球力量，把球接在脚前。

②接反弹球：判断好来球的落点，支撑脚踏在球落点的侧前方，接球脚提起，脚弓对准球的反弹方向。当脚弓触球时，要稍下压，以缓冲球的反弹力量，把球接在脚前。

接空中球：根据来球的高度把接球脚抬起，脚内侧对准来球。脚触球的刹那迅速后撤，以缓冲来球的力量。

（2）脚背外侧接（停）球

①接地滚球：支撑腿膝关节弯曲，接球脚在支撑脚侧前方提起，膝稍屈，脚背外侧对准来球方向。触球时，接球脚轻轻下压，将球接于身前。

②接反弹球：支撑腿稍屈膝，接球脚在支撑脚前方稍提起并内翻，接球脚的小腿放松，与地面约呈 30 度角。当球落地反弹时，用脚背外侧触球的上部，并轻下压，将球接在体侧，同时身体重心向接球方向移动。

（3）脚背正面接（停）球

适用于接空中下落的球。身体正对来球，接球腿屈膝向前上方抬起，用脚背正面对准来球。当球与脚背接触时，小腿与脚踝放松下撤，缓冲来球力量并使球落在身前。

（4）脚底接（停）球

①接地滚球：身体正对来球方向，支撑脚膝部微屈，上体稍前倾，接球脚提起（不超过球的高度），屈膝，脚尖翘起（高过脚跟）。当球滚到支撑脚侧前方时，接球脚轻轻下压，以前脚掌将球接在脚下。

②接反弹球：支撑脚踏在球的落点的侧后方。在接球的刹那，用接球脚的前脚掌对准球的反弹方向。当球反弹接触前脚掌时，脚立即做轻轻下压的动作，使球落在脚前。

2. 胸部接（停）球

挺胸接球时，面对来球，两腿自然开立，膝微屈，两臂自然张开，上体稍后仰，与来球形成一定的角度。触球瞬间，收下颌，胸部主动挺送，使球触胸后向前上方弹起落于体前。

收胸接球时，胸部触球瞬间，迅速收腹、缩胸，缓冲来球力量，使球直接落于体前。

（四）头部顶球

头部顶球是运动员利用头部争抢和处理空中高球的技术动作，在比赛中多用于传球、射门、抢接球，是足球技术中最重要的技术之一。头部顶球的方法可分为：前额正面顶球、前额侧面顶球和鱼跃头顶球等。下面主要讲解前额正面顶球和前额侧面顶球。

1. 前额正面顶球

前额正面顶球的特点：头部前额正面坚硬平坦，触球面积大，处于头的正前方和两眼的上方，便于在顶球时观察来球及周围情况，使出球准确有力。

技术要领：判断好来球线路，两眼注视来球，两腿、两手自然分开，身体先成背弓状，收下颌。触球时，脚蹬地，重心移至腰，快速收腹，甩头，颈部紧张，用前额正面击球的后部。若跳起顶球时，加助跑起跳。

2. 前额侧面顶球

前额侧面顶球的优点是动作突然，能变化出球方向；缺点是触球部位虽然坚硬，但是不平坦，且面积小，又在两眼的侧前方，顶球时摆动用力方向与来球方向不是迎面相遇，出球力量较小。

技术要领：前额侧面顶球的技术动作和前额正面顶球大体一致，只是头的触球部位不同。

（五）抢截球

抢截球是指在规则允许的条件下，为把对方控制或传出的球夺过来、堵截住、破坏掉、踢出去而采用的技术动作。抢截球的方法有正面抢截、侧面抢截和侧后抢截等。

1. 正面抢截球

两脚前后开立，两膝微屈，身体重心下降，正面面对对手。当对手运球前进的脚即将着地时，抢截者立即以一脚蹬地，另一脚以脚内侧对准球并向球跨出一步，同时运用合理的身体冲撞动作配合脚步动作将球从对手的控制范围内抢过来，控制在自己的脚下。

2. 侧面抢截球

当遇到和对手并肩跑的情况时，将身体的重心下移，挨着对手的身体一侧手臂紧贴身体；当旁边的对手挨着自己的一侧的脚迈起的时候趁此机会用肘关节上部位冲撞对手相同的位置，这样对方就会失去平衡，将球的控制权夺过来。

3. 侧后抢截球

（1）同侧脚铲球

当对方采用拨球动作时抢断者另一只脚向后用力蹬，形成跨步，同侧的脚外侧沿地面向前外侧滑去，脚背或者脚尖可以将球踢出去。之后小腿的外侧、大腿的外侧和臀部会依次着地。

（2）异侧脚铲球

抢球者趁着控制球的一方拨球的瞬间同侧的脚向后用力蹬，形成跨步，不同侧的脚外侧沿着地面向前内侧滑出，用脚底的力量将球蹬出去。之后小腿的外侧、大腿的外侧和臀部会依次着地。

（六）掷界外球

掷界外球是在比赛中按照规则要求，有目的地用双手将球掷入场内的技术动作。掷界外球是组织进攻的开始，包括原地掷界外球和助跑掷界外球两种方法。

1. 原地掷界外球

面对出球方向，两脚前后或左右开立，膝关节弯曲，上体后仰成背弓，持球的侧后部，屈肘将球置于头后。掷球时，后脚用力蹬地，两腿迅速伸直，快速摆体，身体重心由后前移，同时两臂急速前摆，当球摆到头上时，用力甩腕将球掷入场内。掷球时，后脚可沿地面向前滑动，两脚均不得离地或踏入场内，但可以踏在线上。

2. 助跑掷界外球

与原地掷界外球相同，只是增加适当的助跑距离。助跑时，两手持球在胸前，在迈出最后一步时（两脚要前后开立），将球举至头后，然后将球掷出，同时后脚在地面上向前滑进，与前脚靠拢。

（七）守门技术

守门员是球队的最后一道防线。守门员掌握守门技术的好坏、反应敏捷程度和场上积极表现程度等直接影响全队的士气和胜负。

1. 选位

守门员的站位会根据对方射门的地点和角度来确定，常规来说，守门员会站在两球门柱和射门位置形成的分角线上。这样当对方采用近射的时候守门员就向前靠，将对方的射门角度缩小，如果对方采用远射，守门员就要向后移动，可以防住对方的吊球进门。

2. 准备姿势

两只脚与肩同宽站立，膝盖微微弯曲并且稍微内扣，脚跟稍微向上提起，前脚掌为身体的重心所在，上半身稍微前倾，两只手臂放在身体前方自然屈肘，五指自然张开，掌心相对，看向来球。

3. 接球

（1）接地滚球

接地滚球分直立和单膝跪立接球两种。直立接球时，两脚要自然并拢不留空隙，脚尖对准来球，上体前屈，两臂自然下垂近地，手指自然张开，手心向前，两手接球底部，接球后，两臂同时弯曲，并互相靠拢，将球提至胸前紧抱。

单膝跪立接球时，两腿向侧前方开立，前腿弯曲，后腿跪立，膝关节接触地面，并靠近前脚跟，不留中空；上体前倾，两臂下垂，掌心对准来球方向，两手接球底部，接球后将球抱至胸前。

（2）接高球

两手自然张开，拇指相对，食指与拇指成"心形"，当手触球时，手腕和手指适当用力将球接住，同时屈肘、回缩并下引，顺势翻掌将球抱于胸前。要求判断球路与落点要准，跑动、起跳要快，控制高度要准。

（3）接平球

接球前，两臂屈肘置于胸前两侧，在球接触胸前的一瞬间，两臂夹紧，收缩两手抱住球的侧上部，迅速置于胸前。

4. 拳击球

（1）单拳击球

这种方式动作比较灵活，也会有更大的活动范围，击球的点也比较高，动作的时候力量也比较大，比较常用于击侧面传中球和高角球。

（2）双拳击球

这种方式和球的接触面比较大，因此准确性就高了很多，常常在面对高球和平高球的时候使用。

5.托球

当来球的弧度比较大，并且球是射向球门横梁的时候，一般情况下守门员起跳并没有很大把握接到球，只能采用托球的技术来防守。在准备起跳托球之前，守门员的身体会伸展成背弓，向上伸出一只手臂，掌心向上，运用手掌的前部和收支将球用力向后上方托起，让球改变角度越过横梁。

6.掷球

（1）单手肩上掷球

两只脚前后分开站立，双腿屈膝，一只手拿着球，在肩膀处屈臂，在掷球之前手臂向后引，同时身体跟着转向，身体的重心放在后脚。掷球的时候，后脚向后蹬地，身体旋转并挥臂，利用甩腕的力量将球掷出较远的目标。

（2）单手低手掷球

两只脚前后分开站立，双腿屈膝，一只手拿着球放在身体一侧，在掷球之前手臂向后摆，同时身体跟着转向，转成侧前屈，身体的重心放在后脚。掷球的时候，后脚向后蹬地，身体旋转并挥臂、甩臂，利用手指拨球的力量将球掷出较近的目标。

（七）颠球技术

1.脚背颠球

从挑球开始，球放在脚前30厘米处，用脚向后轻拉球，当球的中心部位滚过脚趾时，立即向上挑起，颠球就开始了。颠球时脚背必须触及球的底部。当球的高度在膝关节以下时，膝、踝关节要适当放松，并柔和地向前上方甩动小腿，脚尖稍翘起，将球颠起。

2.脚内侧颠球

支撑腿膝关节微屈，身体重心在支撑脚上。当球落至膝关节高度时，颠球腿屈膝盘腿，脚内侧向上摆，脚内翻，轻击球的底部将球颠起，全身放松。

3. 大腿颠球

支撑腿膝关节微屈，身体重心在支撑脚上。当球落至髋关节高度时，颠球的大腿屈膝上摆，摆至水平并轻击球的底部，将球颠起，全身放松。

四、足球基本战术训练

足球比赛本质上就是由攻和守不断转换组成的，在足球比赛中这一对矛盾来回转换就完成了整场的比赛。因此针对足球的战术也可以分成进攻和防守两大战术系统。每个系统中又细分为个人战术、局部战术和整体战术。每场比赛都要遵循战术原则。

（一）比赛阵形

赛场上队员的位置排列、攻守的力量搭配和各种职责的分工等形成比赛的阵形。一般来说，人数的排列是从后卫排向前锋，可以分为后卫线、前卫线和前锋线。守门员的职责就是守好自己的球门。在足球比赛中的阵形打法有很多种，主要使用的有以下几种：

1. "四三三"式阵形

各位置的职责与战术打法如下：

（1）守门员

守门员主要职责是守卫球门，随时观察场上变化，预见可能出现的情况，选择位置，封堵射门，随时提醒同伴调整好防守位置，起到指挥作用。守门员接住球后，要迅速、准确地传给同伴，避免盲目踢高远球，最好把球抛、踢给边锋或后卫组织进攻。

（2）后卫队员

边后卫在对方控球时，应盯住边路地区的对手，并监视对手与其他队员的配合，时刻观察场上变化，随球的位置及出现在自己防区对手的活动来选位，并站在内线，要比对手更靠近自己的球门。如果邻近同伴与对方争抢球时，他应该保护同伴或协助同伴夹击对手。

（3）前卫队员

三名前卫通常是两名边前卫靠前，一名拖在两前卫之后和中卫之前，主要活动在球场中间地区。三名前卫在整体攻守中应保持层次，经常呈三角形站位，控制中场，起到作为锋、卫队员间的桥梁和枢纽的作用。

（4）前锋队员

三名前锋为两名边锋、一名中锋，主要任务是搅乱和突破对方防线，创造射门机会，力争将球攻入对方球门。

2."四四二"式阵形

"四四二"式阵形是由"四三三"式阵形变化来的，它是将一名前锋回撤到中场以两名前锋突前而形成的。主要特点是全队防守更加巩固，有利于快速反击，场上队员更加机动，中、后场队员可随机插上进攻。

3."五三二"式阵形

"五三二"式阵形是由"四四二"式阵形变化而来的，它把一名前卫回撤到后卫线，成为盯人中卫，主要特点是能组成巩固的防线，有利于快速反击，中、后场队员可随机插上进攻，增加了进攻的突然性。

（二）进攻战术

1.边路进攻

边路进攻的主要目的是边路的队员拉开对方的防线，利用场地的宽度比较容易让对方的中路形成防守空隙，这时候就可以在中路射门得分。

（1）发动阶段

一般有两种形式，一种是当在中场或者后场得到球之后，要将球直接传给边路的接应队员，由边路队员发起进攻；另一种是当运球的中路受到对方的攻防时将球传给边路的队员进攻。

（2）发展阶段

采用各种战术配合，运球突围防线，创造出传中或者切入的机会。

（3）结束阶段

在结束阶段一般采取的是传中的方式，中路和另一侧的队员包抄抢点射门。当突破了对方的防守后发现纵深的距离比较大，附近也没有对方的防守，就要快速向对方的门前运球，寻找射门的机会。

当对方的防守队员向着己方的球门跑动，要在对方的阵脚不稳时采取低传球或者低平球，因为这两种方式可以给同伴的冲顶提供便利，直接射门。

如果对方的防守队员在边路突破，或者对方有中高位在中间防守的时候要采用过顶球，将球传到比较远的一侧。

当对方的防守队员大部分都处在罚球区，这时候突破的空间比较小，适宜传低球到罚球区之前的附近区域，边后卫或者前卫进行远射。

中间包抄射门的时候，要在异侧边锋包抄后点，中锋负责抢前点，剩下的中点和外点由前卫负责。

2. 中路进攻

中路进攻指的是发生在前场中间区域的进攻，一般出现在最后阶段。

采用中路进攻可以直接对对方的球门造成威胁，这种情况下对方一定会加大防守力度，层层布防。对方的防守十分密集，进攻的难度自然变大，如果想要突破防守射门，就需要队员积极跑位接应，从两侧拉开，这样将对方的防守打乱布局，找准中间的空隙，突破防线射门。

（1）发动阶段

先是中场和后场接到球后直接向前推进，如果是在边路接到球在行进途中受阻，就要将球传至中路。

（2）发展阶段

这一阶段要采用各种战术进行配合，寻找射门的机会，突破对方的防守。一般队员的战术配合有两种，一种是运球推进远射。当在中场前得到球采取进攻，如果对方的守门员离球门比较远的时候，就可以直接抬脚远射球门。另一种是长传反击配合突破。防守方的大部分队员都在向攻防运球队员进攻的情况下，这时候对方的后方大概率会无人防守，暴露出比较大的防守空隙，这时候就要将球立刻传给冲在前面的队员，快速反击。

（3）结束阶段

当在中路将对方的防线突破之后，一定要抓紧时机在射门角度大的时候快速射门。

在比赛中，边路进攻和中路进攻必须结合运用，通过突然快速的中、长距离传球转移进攻方向，使对方来不及调整防守位置，我方乘虚而入突破对方防线。

当对方全部压出，出现后场空虚时，我方抢断球后，应利用简洁的传切配合，从中、边路进行快速反击，突破对方防线，创造射门机会。

（三）防守战术

整体防守战术是指全队所采取的防守战术方法。整体防守战术主要有区域防守、盯人防守和综合防守三种。

1. 区域防守

当本队进入防守状态时，要根据场上的位置状态分布情况，每一个重要区域都要有一名运动员负责防守，如果对方的某个队员进入自己的防守区域，就负责盯防，如果对方离开了自己的防守区域，就不用再跟踪盯防。

这种防守的战术其优点是能够节省体力，只要对方进入防守区域基本就能防守住。但是缺点也很明显，如果对方任意交叉换位，本区域内只有一人防守会陷入以少防多的被动局面，还会造成邻近位置的交界处漏人。所以，区域防守的方法比较少采用。

2. 盯人防守

盯人防守是指被盯防的对方跑到哪个位置就盯防到哪里。盯人防守分为全场盯人、半场盯人以及门前 30 米内盯人。

这种防守方法是对口盯人，分工明确，但体力消耗大，一旦一人被突破，不易补防，就会使整个防线出现很大漏洞。因此，在比赛中，单纯采用人盯人防守方法也是不利的。

3. 综合防守

综合防守是指盯人防守与区域防守相结合的防守方法。综合防守是目前在比赛中通常采用的一种防守方法，它集中了盯人防守和区域防守的优点，从而在防守中能够根据场上情况进行逼抢、盯人和保护与补位，以达到稳固防守的目的。

五、足球运动的体能训练方法

（一）足球力量素质训练方法

在足球比赛中，经常会有很多的爆发性动作，这些动作都是需要依靠力量才能完成的，所以力量是评定高水平运动员身体训练的重要指标之一。

1. 颈部、上肢和肩背力量的练习

两只手扶住头部，转动颈部然后手部产生抵抗。

做俯卧撑时向着侧边和前方跳移，双杠双臂屈伸，单杠进行引体向上。

两名运动员为一组，一个人俯卧，双臂伸直。一个人用双手将对方的两脚抬起，被抬起脚的一方用上臂支撑向前"行走"。

两个人坐在地上面对面，两只腿打开，互相抛或传实心球或者足球。

重叠俯卧撑。两人一组，一人做俯卧撑姿势，另一人在对方的背上做俯卧撑，或者两人同时做俯卧撑。

2. 腰腹力量的练习

仰卧起坐、仰卧举腿、仰卧快速屈体。

侧卧做体侧屈、俯卧做体后屈。

仰卧，两脚夹球离地 15~20 厘米，以腰为圆心画圆。

展腹跳。爆发起跳并充分展腹，向后屈膝，两手尽可能地触脚跟。

跳起空中转体或收腹用力顶球。

3. 腿部力量的练习

立定跳远、多级跳远、蛙跳、助跑跳远。

单腿或双腿起跳摸高或用头触球。

连续向前并腿或单腿跳。

利用不同高度的凳子、桌子或专设的跳台依次做连续的跳深练习。

背人接力：将全队的队员分成两组，按照纵队站位在起点处，当发出"预备"的口令时，两两一组一人将另一人背起，看到教练"开始"手势后就开跑，直到跑到对面的标志后再交换背人，从对面在跑到起点处换成第二组的队员接着跑，一次完成，最先跑完的一组获胜。

小腿负重踢球：要求在不影响正确动作规格的前提下尽力踢球。

4. 综合器械练习

仰卧小腿屈伸：通过髋关节和膝关节使重物平稳下降，直至膝关节屈曲 90 度，还原。重复上述动作。

腿内收：两腿用力并拢，坚持片刻，还原。重复上述动作。

腿部伸展：通过伸展膝关节使小腿上举至全腿伸直，还原。重复上述动作。

俯卧小腿屈伸：通过膝关节的屈曲使小腿向上抬起，还原。重复上述动作。

坐式提踵：放低足跟至小腿有拉伸感，通过踝关节尽量跖屈使足跟抬高，还原。重复上述动作。

（二）足球运动速度素质训练方法

足球运动员的速度素质十分重要，在所有的素质中占据特殊位置。当前，足球运动的比赛速度越来越快，这就要求运动员的快速能力也越来越强。

大学生足球运动员的速度素质包括：

反应速度：对球、队员和场区等各种刺激的应答能力。

位移速度：运动员在单位时间里的位移距离。

动作速度：运动员在单位时间内完成动作的幅度和数量。

各种姿势的起跑（10~30米）。采用蹲踞式、站立式、侧身站立、背向站立、坐地、坐地转身、俯卧、仰卧、滚翻后、原地跳跃（模仿跳起顶球动作）等姿势做起跑练习。

在活动情况下的突然起动练习（5~10米）。在小步跑、慢跑、高抬腿跑、侧身跑、颠球、顶球、传接球等情况下，快速起动跑。

以上练习宜采用视、听信号（如手势、抛球、哨音、掌声等），以提高反应速度和起动速度。

利用快速小步跑、高抬腿跑、顺风跑、下坡跑和牵引跑等练习，促使运动员突破"速度障碍"，提高位移速度。

60，80，100米的全速跑、加速跑，提高位移速度。

在快跑中看教练员的手势、抛球等信号，做急停、转身、变向、跳跃和翻滚等动作。

做全速运球跑、变速运球跑、变向运球跑等练习。

采用后蹬跑、单腿侧蹬跳、短距离转身跑、各种追逐球跑等，发展爆发力。

在长约20米的距离内，设置不同距离间隔和有方向变化的标杆或锥体，让队员以尽可能快的速度做绕杆跑，发展队员绕晃对手的快跑能力。

抢球游戏：全队分为两排，相距 20 米，面对站立，在中间 10 米处画一条线，每隔 2 米放一球，队员依次面对球站好。当教练员发出信号后，双方快速跑上抢球。球抢得多的一方为胜。

追球射门：队员两人一组，可分为若干组在中圈外的中线两侧站好，利用两球门同时练习。球集中于中圈教练员脚下，当教练员将球向一个球门方向踢出并同时发出口令时，两翼队员快速起动追球射门。要求未拿到球的队员必须紧迫持球队员，并在持球队员射门后仍前跑至球门线处，以利于发展速度和加强补门意识。

提高动作速度的练习。规定最高速度指标的练习：在教练员限定的时间内快速完成传—接—传、运—传—接—射门等动作，以建立快速动力定型。提高肌肉感觉的快速精确分析机能练习：两人或多人一组，在连续奔跑中完成同一传接球练习。加大练习密度：在较小场地内做 2 对 2、3 对 3 的传抢练习。

（三）足球运动耐力素质训练方法

大学生要想提高自身的足球技能，就需要积极地进行耐力素质方面的训练。

1. 有氧耐力训练

3000 米、5000 米、8000 米、10000 米等不同距离的定时跑或越野跑；12 分钟跑；100~200 米间歇跑；400~800 米的变速跑。

2. 无氧耐力训练

重复多次的 30~60 米冲刺跑；100~400 米高强度的反复跑和做 1~2 分钟极限练习；原地快速跳绳、30 秒钟 ×10、60 秒钟 ×5（每次间歇 30~60 秒钟）；进行 5 米、10 米、15 米、20 米、25 米折返跑练习。

（四）足球运动柔韧素质训练方法

对于足球运动员的柔韧素质的表现一般都在髋、腰、膝、踝关节活动幅度及下肢肌肉和韧带的伸展能力上，这些都是足球运动所需要的能力。大学生足球运动员如果想要将自己的技术动作能力提高，掌握更高难度的技术，或者减少自己的运动受伤，再发展一下身体的其他素质，就一定要保持身体的高度柔韧性。

颈前屈、侧屈、后屈并绕环，体前屈、侧屈、后屈并振动。

前弓步和侧弓步压腿，纵劈腿和横劈腿。

前踢腿、后踢腿、侧踢腿和腿绕环。

站立体前屈下压，或靠墙站立体前屈下压，背伸、展腹屈体练习及腿肌伸展练习。

模仿内、外侧颠球动作，单、双腿连续做内翻和外翻练习。模仿内扣、外扣动作，单腿连续做内转、外转动作。

两腿交叉的各种跨步、转身动作。

踢球、顶球和抢截球等各种技术动作的模仿练习。

跪压正脚背（上体后仰、轻轻振压）及全脚背着地的俯卧撑练习（主要拉长脚背韧带和小腿前肌群）。

模仿和结合球的大幅度振摆腿、铲球、侧身踢凌空球及倒勾射门等练习。

（五）足球运动灵敏素质训练方法

大学生运动员的运动技能和各种素质在运动过程的综合表现就是大学生足球运动员的灵敏素质。拥有较高的灵敏素质能促进动作的技术和战术效果的提高。

交叉步前进或后退练习，前、后交叉加侧出步侧向移动练习。

各种跑的练习：快速后退跑、转身跑、快速跑动中看手势改变方向、快速连续绕障碍跑等。

各种滚翻与起动跑：队员分散站开，听一声长哨做前滚翻，听一声短哨做后滚翻，听掌声起动跑，教练员可不断变换信号。

喊号追人：将练习者分成若干组，每组若干人，分别坐在中圈内，教练员喊某一编号，各组该号队员沿中圈快跑，以最快返回自己位置者为胜。

躲闪摸杆：防守队员站于杆前，进攻队员用虚晃动作骗取防守队员的重心偏离，然后超过防守队员用手摸杆。

两人冲撞躲闪：两人一组，在慢跑中试图冲撞对手，对手应尽可能运用躲闪，避免被撞到。

多种动作过障碍：在场地一区域设若干障碍物，要求队员做跳、滚翻、爬、跑等多种动作并尽可能快地完成练习。

第三节　排球技术、战术和体能的训练

一、排球运动的起源与发展

19 世纪末期，排球运动开始在美国兴起，这项运动由美国一位基督教青年会干事发明，他的名字叫做威廉·摩根。排球运动被发明出来的第二年。这种游戏的首次表演赛就在威廉·摩根任事的马萨诸塞州斯普林菲尔德基督教青年会举行。春田市的哈尔斯戴特博士也受邀观看了这次比赛，他发现排球运动的规则与网球类似，因此他建议将排球运动命名为"Volleyball"，翻译过来就是"在空中截球"，当时摩根与表演排球运动的人们都非常赞同这个名字，于是 Volleyball 就一直被沿用至今。

排球后来被美国的传教士、驻外军官和士兵带到了世界各地。1905 年传入中国，先后经历了十六人制、十二人制和九人制等几种规划。1949 年以后，为了适应国际交往的需要，排球运动改为六人制，一直沿用至今。1964 年第 18 届奥运会把排球列为正式比赛项目。

国际排球联合会自 1947 年成立至今，已有 200 多个会员国，排球运动已发展成为世界上最大的运动项目之一。排球运动的形式多种多样，除了室内六人制排球外，世界性的竞技排球运动还有沙滩排球和残疾人坐式排球，另外还有软式排球、气排球、小排球、墙排球、公园排球等娱乐性的排球运动形式。

关于排球的世界级比赛有很多，如世界锦标赛、世界杯赛、奥运会排球赛等。

二、排球基本技术

为了理解排球基本技术动作，需要分析影响人体运动的起动、制动、起跳和挥臂等动作的力学原理，以及影响球体飞行的一些因素，从而加强对技术的研究以及提高掌握和运用技术的能力。

（一）起动

起动是指人体从静止到运动的过程。起动的目的是快速移动。

现代排球运动朝着快速的方向发展，因此也对起动速度提出了更高的要求，影响起动快慢的力学因素主要有以下三个。

1. 在起动方向上稳定角的大小

稳定角是用来表示物体稳定性的概念，即支撑面两边缘上相应两点与物体重心连线所形成的夹角。有左稳定角和右稳定角，如图 4-4 所示，有前稳定角和后稳定角，如图 4-5 所示。

图 4-4　左稳定角和右稳定角

图 4-5　前稳定角和后稳定角

假设支撑面不变，若物体的重心靠上，重心在支撑面上的上的投影点距离重心到支撑面边界某个方向较近，那么在这个方向所形成的稳定角的角度就偏小。由此，我们可以得出这样的结论，支撑面不变，则物体重心高度与重心在支撑面上投影点距支撑面相应边界的长度是物体是否稳定的决定性因素。要使起动越迅速，起动方向上稳定角的角度就应该越小。

2. 支撑的作用力的大小

作用在物体上的力越大，物体改变原来运动状态就越快。支撑反作用力是在蹬地时，地面施予人体的作用力，其大小与人体蹬地的力量大小相等，方向相反。支撑反作用力越大，起动越快。

3. 蹬地角的大小

蹬地角是指在蹬地时支撑反作用力的作用线与水平方向的夹角，其大小决定着支撑反作用力在水平方向分力的大小。蹬地角越小，水平方向获得的分力越大，起动就越快（图 4-6）。

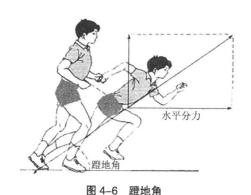

图 4-6　蹬地角

（二）制动

这是指人体由运动逐渐转向静止的过程，与起动相比，制动是一个反方向运动的过程。制动时，最后跨出一大步，跨出脚蹬地，从而获得一个地面对人体的支撑反作用力。其与重力形成的合力的方向与人体运动方向相反，从而使身体移动速度减慢，直到停止（图 4-7）。

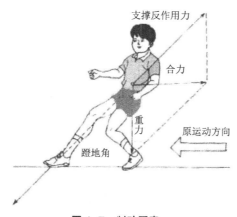

图 4-7　制动因素

1. 支撑反作用力的大小

支撑反作用力越大，制动越快。

2. 支撑反作用力与地面的夹角的大小

夹角越小制动越快。排球运动中往往可以通过重心下降、上体后仰等来减小其夹角。

（三）起跳

现代排球较之前有了很大的发展，高快结合是现代排球最突出的特点，现如今，扣球、拦网作为排球运动中最主要的得分手段，已经成为排球运动员最常用的运动方式。为了使扣球与拦网产生更加完美的效果，排球运动员就要提升自己的弹跳能力，弹跳不仅要考验运动员们跳动的高度，还对起跳的速度有所要求。

排球运动中的跳跃动作种类很多，按起跳脚分类，可分单脚起跳和双脚起跳；按助跑方式可分为原地起跳和助跑起跳等；按跳跃方向可分为向上跳和冲跳。

下肢猛烈的蹬伸动作及上体和上肢向上做加速运动而产生的向下的惯性力，通过双脚作用于地面，同时地面给人体一个支撑反作用力，支撑反作用力与重力的合力，使人体产生向上的加速度，推动人体离开地面。

影响跳起高度的主要因素有以下几种：

起跳过程中上肢及上体向上运动的加速度的大小。

起跳过程中下肢各关节肌群爆发力的大小。

蹬地角度。要获得尽可能高的跳起高度，就应竖直起跳，以获得最大的竖直方向分力。如果在获得一定高度的同时，还要获得一定的远度，就要适当改变蹬地角度，从而获得一定的水平方向的分力，达到冲跳的目的。

（四）旋转球与飘球

旋转和飘晃是球体自身运动的两种状态，球体的这两种运动状态是影响球的飞行路线的重要因素。

造成球体旋转的原因是击球作用力不通过球体重心，从而产生转动力矩。球在空中旋转，主要有上旋、下旋、左侧旋和右侧旋。当球向前飞行时，球的上、下、左、右各表面处都有空气向后流动，流速是相等的。如果球体不断旋转，那势必会对周围的空气流动产生影响。例如，上旋球是指球体的上部向前做加速运动，那么球体就会影响周围的空气流速，与球体对向而行的空气由于与球体的运动方向相反，因此，会导致球体上方的空气流动速度变缓。而上旋球的球体下部与周围的空气呈相向而行的状态，因此，球体下方的气体流速加快。由于流速与压强呈反比，因此我们可知，球体上方的压强较大，而球体下方的压强较小，上旋球球体上方的压力比下方的压力更大。

飘球产生的原因目前主要有以下几种说法：

当作用力通过球体重心，球将不旋转地向前飞行。而没有旋转轴的物体的飞行轨迹是不稳定的，因此球会摇摇晃晃地前进。

球的振动可以使球体变形。球体不断地振动变形，凸起和凹陷两侧空气流速不断发生变化，压强差也随之不断发生变化，结果球的飞行路线随着不同压强差而改变，从而产生飘晃。

不旋转的球，因受空气阻力影响，速度逐渐减慢。到每秒飞行 5~10 米时，球就会遇到近两倍的强大压力。因此，球会突然失速，改变飞行路线。

球体表面黏合线与空气的流动方向顺横不一，引起空气对流速度的变化而造成阻力差，改变了球的飞行轨迹。

当不旋转的球飞行时，球体后面的空气稀薄，压力迅速降低。因此，在球的后面形成许多旋涡。旋涡越大，对球产生的阻力就越大。它能阻止和干扰球的飞行，造成球体在空中飞行时出现摇晃现象。

在确保球在飞行过程中不转动的情况下，击球的同一部位，施以同样的力，向同一方向发出，球嘴向上，偏离预定轨迹向上，球嘴向下偏离预定轨迹向下。

（五）入射角与反射角

入射角等于反射角是光学镜面反射原理。垫球动作很大程度上也可以用镜面反射原理加以说明。不旋转的来球，触击手臂后，基本上以相同的角度反弹出去。旋转的来球触击手臂时，旋转会使球和手臂之间产生摩擦力，同时手臂也给球体一个大小相等方向相反的反作用力，垫击力与反作用力的合力的方向基本上就是球体弹出的方向。运动员在垫球时，若想使出球的弧度加大，就需要减小手臂与地面的夹角，反之，就需要增加手臂与地面的夹角。

（六）挥臂速度

鞭打动作是排球运动中一项被广泛运用的动作，运动员在进行这项动作时，要使大臂带动小臂，再用小臂带动手腕，完成击球动作。我们可以在这个动作中找出鞭打动作的力学原理，即一个链状物体，在其质量大的一端先做加速运动，在制动过程中，其动量向游离端传递，使其末梢部分产生极大的运动速度。

在进行鞭打动作时，我们可以使用上臂的大关节带动小关节，其运动流程是这样的：首先由躯干带动肩部活动，再由肩部带动大臂，使大臂带动小臂，然后由小臂带动手，每一个关节在达到最高速度之后，实现对后一个关节的带动。我们可以感受到，鞭打动作是迅速球充满力量的，运动员在做这个动作时，要使自己的手臂放松，以达到最高的挥臂速度。

三、排球运动技术的训练方法

排球技术有两种：一种是无球技术，包括准备姿势、移动、起跳及各种掩护动作；另一种是有球技术，包括传球、垫球、扣球、发球和拦网。

（一）准备姿势与移动

排球运动员之所以要进行正式开始前的准备姿势，就是为了能够在比赛正式开始时加快自己的运动速度，使自己以最短的时间触碰到球，以便完成接下来的击球动作。

移动主要是为了快速接近球体，合理掌控人与球的位置关系，为之后的击球做准备，此外，也能够以最短的时间占据最有利的球场位置。

准备姿势与移动的技术要领：合理呈现准备姿势，要有较强的判断力与较快的起动速度，在场上移动时步伐要轻盈快速，制动时要干脆利落。

1.准备姿势

运动员在做准备姿势时，必须要注意两脚分开的距离要略宽于肩，一脚略向前伸，脚尖向内收，做半蹲状。脚跟提起，身体重心向前倾，双臂保持自然弯曲的放松状态，身体适当紧绷，双脚微动，保持运动的惯性。（图4-8、图4-9）。

图 4-8　准备姿势（一）

图 4-9　准备姿势（二）

2. 移动步法

（1）滑步

这个步法可以运用在当球飞来的落点距离身体较近，且飞行弧线较高时。

（2）跨步

当来球较低且距身体较近时，可采用跨步。

（3）交叉步

当来球距离身体两米左右时，可以使用交叉步。

（4）跑步

这个步法的运用要注意双臂的配合，并且运动员要根据来球的方向转动身体。

3. 练习方法

（1）准备姿势的练习方法

①徒手模仿练习。

②一人做准备姿势，另一人纠正其错误动作，两人交换进行。

③看手势做练习。一人做手势上举、平举、放下，另一人做相应的直立、半蹲、摸地动作。

④队员围成圆圈慢跑，听到教练哨声向前跨一步做半蹲—稍蹲一低蹲准备姿势。

（2）移动的练习方法

①两人相向站立，呈半蹲准备姿势，双手互拉，由其中一人主动做向左、右、前、后的一步移动，另一人跟着做。

②将 5~6 人分为同一个小组，在端线处呈一字排开，在原地以碎步方式跑动，在看到教练的起动信号时，开始全力加速跑动。

③以半蹲准备姿势开始，看信号后做前、后、左、右的交叉步移动。

④在进攻线和中线之间连续做前进和后退的移动。改变移动方向时，手要触摸进攻线和中线。

⑤在场地内，采用交叉步或滑步从一侧边线移动到另一侧边线。

⑥两人一组，移动接地滚球。

⑦两人一组，一人把球向前、后、左、右抛出，另一人移动后用双手把球接住。

⑧三人一组，绕三角障碍物任意跑动，一人追，两人跑（规定三人移动的步法）。

⑨两人一组，一人将两个球依次向两个方向抛出，另一人移动后依次将球接住并抛回。

（二）传球技术

正面传球、背向传球与侧向传球是最常用的三个传球方向。

1. 正面传球

正面传球是指对准目标直接传球，这是传球方法中最基本的一种，其他传球技术都是在正面传球的基础上发展而来的。

（1）准备姿势

在使用正面传球时，运动员需要稍微蹲下身，上身挺起，眼睛追随球体，双手抬起，将肘关节放松，弯曲放置在额头前。

（2）手型

双手触碰球体时，要注意十指呈半球状张开，手腕向后仰，在触球时，使用拇指、食指与中指与球体的后下方接触，为了帮助球能够沿着正确的轨道行进，无名指与小指应该护在球体两侧，辅助球体前行，此时双手拇指要相对，呈现"一"字形。

（3）击球点

在脸额前上方约一球距离处。

（4）迎球动作

当球体即将袭来时，运动员就要开始进行迎球了，双腿蹬地，伸展膝盖与双臂，手指微张向前推进，使全身动作协调统一。

（5）用力方法

在做出迎球动作、手与球体还未接触时，手腕与手指要向前伸，在手触碰到球体之后，手臂各关节仍旧需要保持向前伸展的状态，利用手指与手腕的力量击球。

2. 背向传球

背向传球，顾名思义，就是运动员在传球时背对着传球目标。在传球技术中，背向传球也是一种非常基础的传球方法，在现如今的比赛中会经常被使用。

（1）准备姿势

在背向传球时，运动员的上体要较正面传球时后仰一些，将双手抬起至面前。

（2）手型

背向传球的手型与正面传球一样，但注意手腕在触球时需要向后摆动，掌心朝上，用拇指托球，击球时，手掌拍在球体的下方。

（3）迎球动作

抬上臂、挺胸、上体后屈。

（4）击球点

在头上方，比正面传球略偏后。

（5）用力方法

背向传球要将球向身体的后上方击打，运动员要尽力蹬腿、抬臂，使用手指与手腕完成击球。

3. 侧向传球

侧向传球是指运动员需要使身体侧对传球目标，使用双臂向身体侧方传球的方式。

侧向传球的准备姿势、手型与迎球动作都和正面传球大致相同，但是需要注意的是侧向传球的击球点更向传出方向偏移。运动员在迎球时，为了伸展身体，使身体重心向上移动，可以利用下肢蹬地的方式实现，在这时，上体与双臂要朝向传球方向，加速将球传出。

4. 练习方法

每人一球按传球的击球点和手型，置球于额的前上方约 20 厘米处，体会正确的手型和击球点，然后将球拿掉。

向上自抛球，双手在额前上方将球接住，检验传球手型。

两人分工要明确，第一个人要使用正确的持球方法将球置于额头上方，另一个人以手掌压球，两人同时施力，感受球的运动。

两人一组，一人抛球自传一次后再传给同伴。

两人一组，一人将球抛起 1 米多高，一人传球给对方。要求手指、手腕自然放松，两手臂向球心的前上方用力。

两人一组，相距 3 米，一人抛球，另一人传球练习。要求触手后再发力弹击。

两人一组对传球练习。也可一人固定传球，另一人移动传球。

三人三角传球练习，四人四角传球练习。

（三）发球技术

发球技术可分为：正面上手发球、正面下手发球、侧面下手发球、正面上手飘球、侧面勾手飘球、勾手大力发球、跳发球等。

技术要领：抛球稳，挥臂直，击球准，手法正确，力量适度。

1. 正面上手发球

图 4-10 正面上手发球

如图 4-10 所示，正面上手发球，运动员需要面对球网方向站立，这样做的目的是能够及时观察对手的位置，完成准确的发球动作，而且还能够将落点控制在自己理想的范围内，使用转体、收腹等动作使手臂加速挥动。与此同时，手腕也要进行相应的推压动作，将力量与速度进一步的提升上去。

（1）准备姿势

正面上手发球的准备姿势是运动员要面对球网，两脚自然分开，左脚向前伸展，左手将球环抱于身前。

（2）抛球

在运用这项发球技术抛球时，运动员应该使用手臂与手掌的力量将球平托向上举，在球平稳地到达右肩上方时，将球垂直抛向上方注意高度不能过高。

（3）挥臂击球

运动员在使用左手做出抛球动作之后，可以将右臂抬起，弯曲肘关节向后伸与肩平行，上体可以向右侧微微转动。运动员在击球时，为了使手臂挥动的力度与速度升到最高，可以双脚用力蹬地，同时使上体向左旋转，在右肩上方全力击打球体的中下部。在击球时，运动员的手指应该自然张开，掌控住球体。在这时，手腕需要迅速做推压的动作，使球体上旋飞出，击球完毕后。重心会由于惯性向前移动，此时运动员就可以迅速进入场内参与后续比赛了。

2. 正面下手发球

正面下手发球的动作较正面上手发球来说相对简单，更容易使初学者掌握，且使用这种发球方式能够提高发球的准确性，但缺点是球体飞行的速度过慢，攻击性弱。

（1）准备姿势

正面下手发球的姿势与正面上手发球相同，运动员也需要面对球网，双脚分开站立，左脚仍旧向前伸开，两个膝盖微微弯曲，上体前倾，重心后移，使用左手将球举于腹前。

（2）抛球

在抛球时，运动员要使用左手将球抛到身体右侧，距离手的高度约为20厘米。在进行抛球动作之前，右侧的手臂要尽量伸展，并以肩膀作为轴心向后摇摆。

（3）击球

如图4-11所示，运动员在击球时需要使用右脚发力蹬离地面，随后，身体重心要随着右手的摆动前移到左脚上。由于之前手臂将球放置在腹前，因此，运动员需要在腹前使用手掌的力量击打球体的右下方，之后重心随着击球动作带来的惯性前移，跑步入场，正式开始比赛。

图4-11 正面下手发球

3. 侧面下手发球

对于刚开始学排球的女生来说，侧面下手发球是一个非常好的发球方式，这种方式能够节省运动员的力量。手臂挥动击球的力量来自于转体力量带来的惯性，但其攻击性也相对较弱。

（1）准备姿势

这个发球方式的准备姿势是以左肩对向球网，双脚分开站立，与肩同宽，双膝弯曲，上身前移，重心在两脚间，将球用左手举于腹前。

（2）抛球

在抛球时应使用左手将球平衡的抛至胸前，距离身体应约1米。

（3）击球

在击球时要注意，在抛球动作完毕时，右臂就可以放置在右下方，利用右脚蹬地的力量产生的惯性将右臂向前上方带动，击球时，在腹前使用手掌的力量击打球体的右下方，击球完毕后，就可以利用击球时产生的惯性，前移重心，跑步入场。

4. 正面上手飘球

正面上手飘球的发球方法能够在发球时不使球产生旋转动作，并且也能够使球在向前飞行时呈不规则的轨迹进行。正面上手飘球的优势就是能够使接发球队员不能准确判断球的飞行轨迹与掉落方向，因此对于比赛来说不失为一种好的发球方法。现如今，这种发球方法已经在各大比赛中广泛使用。

（1）准备姿势

同正面上手发球。

（2）抛球

同正面上手发球。但抛球比正面上手发球稍低，稍靠前些。

（3）挥臂击球

正面上手飘球的挥臂击球动作与正面上手发球一样，同样都是鞭打动作。但是在使用正面上手飘球发球时，击球的手臂在挥动时不应该是弧状，而是要自后向前做直线运动。运动员在击球时，手指应该并拢，手腕后仰，使用手掌根部击中球体的中下部，手指略微紧绷，不需要额外的推压动作。在击球结束后，手臂要有明显的制动，在击球后迅速跑步入场。

5. 侧面勾手飘球

（1）准备姿势

侧面勾手飘球的准备姿势应该是将身体与球网垂直，两脚自然分开，左手将球举于胸前。

（2）抛球

左手采用托送动作，将球平稳地抛在左肩前上方，约一臂的高度。

（3）挥臂击球

在使用这种发球方式击球时，运动员的右臂要在抛球时向右下方摆动，上身顺势向右倾斜，重心落于右脚，在击球时使用右脚蹬地，上体借力向左转动，手臂在挥动时要尽量舒展，而手腕要保持紧绷状态，使用手掌的掌根或拇指的指根击打球体的中下方，同样，在击球后手臂要存在制动。

6. 勾手大力发球

（1）准备姿势

同勾手飘球。

（2）抛球

同勾手飘球。但由于击球挥臂动作幅度较大，抛球比勾手飘球稍高。

（3）挥臂击球

运动员在使用这个发球方法进行击球时，就要在抛球的同时弯曲双腿，将上体向右倾斜，右臂则随着上体的倾斜向右后方摆动。在击球时，由于需要使用右臂的力量，因此，我们可以借助右脚蹬地获得的转体力量来实现手臂的弧形挥动，在这时身体重心要从原先的右脚挪到左脚上来，手臂在右肩的前上方击球，在击球时，手指与手腕应该先包住球，再以手掌的力量击中球体的中下部，进行推压动作。利用击球后产生的惯性面向球网进行正式比赛。

7. 跳发球

跳发球具有较强的攻击性，运动员在使用这种发球方式时，需要助跑起跳，才能在空中将球直接击入对方场区。在跳发球中，也有许多分支，如跳发飘球、跳发上旋球等。这种发球的击球点较高，运动员在击球时，身体必须充分伸展，才能够更好地发力，因此，跳发球具有力量大、旋转强、速度快的特点。

8.练习方法

抛球练习：每人一球，首先做不离手的抛球练习，同时做引臂和摆臂击球练习。

自抛球：自抛，也可找一固定参照物自抛。要求将球平稳地向上抛出，且抛出的球不旋转，高度固定。

击固定球：一人持球于击球点高度，另一人击球。体会击球点位置和挥臂动作。

抛球配合挥臂动作练习：抛球后做挥臂动作，但不将球击出。

对墙近距离发球练习：距墙 6 米左右发球，逐渐将与墙的距离拉大至 9 米左右。

距网 6 米发球练习：两人一组，各距网 6 米练习发球，逐渐拉大距离。

在发球区内发球练习：

（四）垫球技术

1.正面双手垫球

对于垫球技术来说，正面双手垫球是最基础的垫球方式，只有将正面双手垫球掌握好，才能够继续学习其他的垫球技术，这种垫球技术对各种发球、扣球和拦回球都有较好的应对方式。比赛中，在一些困难球不能做第二次传球时，就可以利用正面双手垫球来进攻。

（1）准备姿势

运动员要准确把握来球的落点，并迅速移动身体，在来球落点的地方呈半蹲式站立。

（2）击球手型

正面双手垫球的击球手型有两种，第一种使双手的手指相重叠，两个手掌的掌根紧贴在一起，将两个拇指放置在食指上，朝向前方。第二种是将双手的手腕靠在一起，双手自然放松，两臂伸直，小臂向外伸展，手腕向下压，此时前臂就形成了一个垫击的平面。

（3）击球动作

身体朝向来球奔跑时，双臂应快速垫入球下，在击球时使用双腿发力，舒展腰部，前移重心。使胸部、肩部、腕部与手臂相互配合，使小臂承受球的重量。

在垫击时双臂不能抖动，在击球时，身体与双臂也要看准球的落点，随球体一同动作，这样能够更好地使球落在理想位置。

（4）击球点和前臂触球的部位

在使用正面双手垫球时，最佳的击球点位于腰腹前约1米的距离，可以使用前臂手腕关节以上的桡骨内侧触球。

（5）击球用力

如来球的力量小或垫击的球距离远，垫击必须加上抬臂动作，给球以反击力；如来球的力量大或垫出的球距离近，则只需轻轻一垫，靠反弹力垫起；有时来球力量很大，为了缓冲来球的力量，手臂还需顺势后撤，加上含胸收腹的协调力，使球得到缓冲后垫出。一般来说，垫球的用力大小与来球的力量成反比，与垫出球的距离成正比。

2. 体侧垫球

来球飞向体侧，来不及移动对准来球时，可用双臂在体侧进行垫击。当球向身体左侧行进时，运动员可以使用右脚的前脚掌撑地，右脚向左前方迈步，将身体重心转移到左脚上，使左膝盖略微弯曲。与此同时，双臂也要向左侧伸展，右肩可以略向下倾斜。用向右转腰和收两前臂垫击球的后下部。切忌随球向左侧摆臂击球，这样会造成球飞向侧方。

3. 背向垫球

背对垫出方向，从身前向背后垫球，叫背向垫球。一般为了接应同伴打飞的球，或第三次处理过网的球时采用。如果可以快速移动到位，要尽可能用正垫和侧垫而不用背垫。

运动员在进行背向垫球时，只有判断准确球的行进轨迹，才能够以最快速的速度移动到球的落点位置，背对出球方向。双臂紧绷，舒展在高于肩膀的地方击球，在击球时需要抬头挺胸，将身体向后仰，伸展手臂，向上方抬头。

4. 单手垫球

在比赛中，运动员会存在反应时间短，无法进行充足双手垫球的情况，此时就需要他们运用单手垫球技术进行对抗。但单手垫球的缺点就是手臂触球的面积会变小，运动员对于球体的掌控程度也会变小。我们可以通过右手垫球来分析单手垫球，当球的行进方向为身体右侧且落点较远时，运动员除了要快速跑到球的周围之外，还要跨出右脚，伸直右臂，使用前臂内侧、掌跟或虎口的位置击打球体。

5. 练习方法

原地做垫球模仿动作。要求身体重心移动，蹬地、抬臂用力协调。

结合移动动作做徒手垫击练习，做好步法与手法的配合。要求移动迅速，垫击前重心稳定。

每人一球对墙自垫练习。开始近墙高垫，逐步远离墙，降低球击墙的高度。

垫击固定球练习。一人双手持球于腹前，另一人用垫球动作击球，体会手臂触球部位和用力。

单人连续自垫向前移动。单人自垫将球垫向前上方1.5米处，然后移动接近球，再将球垫向前上方，依次向前移动。

每人一球，由上抛后向上自垫一次，逐步过渡到连续自垫，体会身体各部位的用力顺序和用力时间。要求击球时将提肩、含胸、推肘、压腕动作一气呵成。

两人一组，一人抛，一人垫。抛球距离由近到远，由抛定位球到抛移动球。要求击球点在胸腹之间，注意全身协调用力。

两人一组，相距3~4米，连续对垫练习。要求移动及时，垫出的球平稳。

（五）扣球技术

扣球是排球运动技术中攻击性最强的一项技术，是得分的重要手段，是比赛取胜的关键因素之一。

1. 准备姿势

采用稍蹲姿势站立于进攻线附近，根据二传传出的球，确定助跑时机和路线，准备助跑。

2. 助跑

一般采用两步助跑。左脚先自然向球的落点方向迈出一步，右脚紧跟着向前迈出一大步。右脚迈出时应根据人、球、网的位置关系调整步幅，确定起跳位置。在右脚落地的时候，左脚迅速赶上，在右脚的左侧前方落地，两脚距离约同肩宽，左脚尖稍内扣，准备起跳。由于传球的高度、弧度、落点的不同，采用的助跑路线也不相同，一般常采用直线、斜线和外绕弧线助跑。

3. 起跳

在助跑跨出最后一步的同时，两臂经体侧划弧后摆。两脚脚跟先着地，并迅速过渡到前脚掌，立即做蹬地起跳动作。起跳的同时，两臂由后向前上方积极猛摆，摆至与肩同高时做突停动作，配合起跳，增加弹跳高度，做好击球准备。

4. 空中击球

空中击球需要运动员将身体腾空，在腾空的同时将上体向后仰，并向右侧进行转体运动，伸展腹部，挺胸抬头。此时右臂呈屈肘状态，并向后举，在头的右后方保持静止，肘关节朝向侧前方。在击球时，运动员需要以收腹、转体的动作进行发力，以这种力量带动肩部、肘部与腕部关节，增加手臂向前挥动的速度，使用手掌叩击球体的后方，在击球的瞬间手腕要对球做出鞭打的动作，同时手腕向下扣压，这是为了使球沿着理想的轨迹行进。

5. 落地

击球后，立即收回手臂，避免自己由于惯性触碰球网。在落地时，为了保护膝关节，要使双脚的前脚掌先着地，为了延缓下落对身体的冲击力，运动员需要弯曲膝盖并收腹。

重点：判断准确、跳得高、挥得直、打得满、落得稳。

6. 练习方法

原地起跳摆臂练习，熟练起跳的摆臂动作练习。

一步起跳摆臂练习，二步起跳摆臂练习。

徒手模仿挥臂击球练习，体会鞭打动作。

快速挥臂，打一定高度上的树叶或扔小石子。

助跑自抛扣球练习。

两人一组，对地扣反弹球。

扣固定球练习。两人一组，一人举球至肩上，另一人扣球。

低网原地自抛扣球练习。

连续对墙扣反弹球。

两人一组，一抛一助跑扣球练习。

4 号位扣抛球练习。

结合同伴的二传，练习在 4 号位扣球。

四、排球战术的概念与分类

（一）排球战术的概念

排球战术是指在排球比赛中，运动员根据排球运动的比赛规律和敌我双方的实际情况，进行临场战术变化，运用技术采取一种有预见性的、有目的、有组织的行动。

个人战术是指排球队中的一名队员根据现时的情况运用排球运动技术，集体战术则是指在排球队员中两个或两个以上队员进行的集体配合行动。个人战术与集体战术只有配合使用，才能够使一场排球比赛发挥出最优秀的效果。

排球队在为自己选择战术时，应该结合本队中队员的实际情况，如队员的技术特长、技术水平、身体条件和体能等选择对于本队最有利的战术。在排球比赛过程中应用战术时，也需要根据对方的战术与现场情况做相应的变化。因此，为了掌握比赛的主动权，就必须要能够根据现场的实际情况，随时更换战术，打乱对方的战术计划。

（二）排球战术的分类

我们对排球战术进行划分时，根据参与战术的人数可以划分为个人战术和集体战术。在排球比赛中，在个人战术与集体战术中，进攻与防守都必须要涉及到。个人战术就是在排球队中，一个队员有目的、有计划地运用自身技术对对方进行进攻的过程。但集体战术就分为集体进攻与集体防守两大类。在集体进攻战术中，进攻阵型有"边一二""中一二""心二传"等。现代的进攻打法组合，已经不再是传统的点面结合，而向着三维立体进攻发展。在集体防守战术中，也有许多阵型，如接发球阵型、接传垫球阵型、接扣球阵型与接拦回球阵型等，这些阵型的变化形式也是非常繁多的。在排球运动中，除了发球之外的步骤，所有的进攻都是由防守开始的，而防守又是为了再次进攻。在这项运动中，进攻与防守这对矛盾不断转换，形成了一攻、推攻、防反与保攻等"四攻"系统。

五、排球战术的教学与学练方法

（一）接发球及其进攻

接发球及其进攻，主要包括接发球、二传、扣球等技术环节。

1. 发球—接发球练习

（1）短距离发—接练习

3 人一组，1 人发低平球，1 人接发球，相距 8~9 米，发球的速度由慢到快，10~20 个球后相互交换。

（2）发—接对抗

1 人发球，5 人接发球，两边同时进行，到位 5~10 个球转一轮。可根据本队的战术需要，选择 4 人接发球或 3 人、2 人接发球。

（3）三发三接比赛

6 人一组，3 人站于发球区发球，3 人接发球，两边同时进行。比谁先完成到位 10 个球，接发球连续失误两个，扣除一个到位球，发球连续失误两个则计接发球到位一次。

2. 发—接—传（调整）练习

（1）二发二接—调整练习

2 人在发球区轮流发球，其他队员 2 人一组接发球并调整传球，轮流进行。

（2）一发二接—调整练习

为了增加接发球的难度，教练员或队员站在后场区的高台上发球，两人一组接发球，1 号位队员轮流插上传球。

（3）一发三接—调整练习

两边同时进行对抗，比赛哪一方先传 10 个好球。

3. 发—接—传—扣练习

（1）一发一接一传一扣练习

发球队员在发球区发球，对区 3 号位专人二传，4 号位队员接发球后扣一般球。

（2）二发二接一传一扣练习

2 人发球区轮流发球，1 人固定传球，2 人接发球后直线扣球，可两边同时进行。

（3）三人一组接发球进攻

教练员或队员在发球区发球，对区 3 人一组接发球进攻，组成有效进攻，继续接发球进攻，若无效进攻或失误则换下一组。

（4）三接一传三扣练习

1 人专门二传，3 人接发球，若一传传到位，可组织各种快速多变的战术。

（5）二发二接一传三扣练习

2 人分别在发球区发球，对区 1、5 号位处两人一组轮流接发球，1 人专门二传，组织 2、3、4 号位队员进行战术进攻。

（6）五人接发球进攻练习

教练员在发球区发球，对区 5 人接发球，1 号位队员成"心二传"进攻阵形，组织立体进攻。

（二）接扣球及其进攻

接扣球及其进攻，主要包括拦网、防守、二传、扣球等技术环节。

1. 扣—防练习

（1）三人连续专位防守练习

教练员在地面或高台上向指定区域扣球、吊球，3 人连续防守 10~20 个好球为一组。

（2）二扣三防练习

教练员在 2、4 号位网前扣球或吊球，1、5、6 号位队员防守及接应，计时轮换。

（3）三人一组防重扣练习

对方 2、4 号位分别进行远网扣球，1、5、6 号位防守，10~15 个好球一组。

（4）三扣三防练习

教练员在进攻线前将球分别抛给 2、3、4 号位队员扣球，对方 3 人防守，防守 10 个好球后攻防队员交换。

2. 防调练习

（1）三人一组防调练习

教练员分别站在 2、4 号位高台上扣球或吊球，3 名队员从端线起动，防起球后将球调整到 2 号位或 4 号位。防调一个好球换下一组。

（2）三人连续防调练习

教练员在网前扣球或吊球，队员在1、5、6号位防起球后，由离球最近的队员将球调整给教练员。也可配一名专门调整的二传。

（3）两人一组防调练习

教练员站在高台上扣球或吊球，两名队员从端线起动，1人防起球后另1人将球调整到2号位或4号位。

（4）两人一组内撤防调练习

教练员在3号位隔网吊球，4号位队员拦网后迅速下撤防吊球，1号位队员插上将防起的球调整到2号位或4号位。

3. 调—扣练习

（1）一调一扣练习

教练员分别向进攻线附近抛球，1、5号位队员迅速移动，将球传给2、4号位队员扣球，可以循环进行。

（2）内撤调扣练习

教练员向中场附近抛球，2号位队员迅速移动内撤，将球传给4号位队员扣球，可以循环进行。

4. 防—调—扣练习

（1）三防一调进攻练习

由教练员在高台上或地面扣球，网前设二传一名，其他3人积极防守，防起球到位组成快攻战术，不到位可进行调整进攻。

（2）三人一组防—调—扣练习

教练员在高台上扣球，三人一组防调扣。扣10个好球换下一组。

（3）三人一组连续防—调—扣练习

教练员在高台上扣球，三人一组防、调、扣成功，可以连续进行，任何一个环节失误则换另一组。如果不能进攻，但未造成失误，可再给一次机会，连续两次无攻则换组。

（4）四—四攻防练习

教练员在场边向场内扣球或吊球，场上采用"心二传"阵形，固定二传在进攻线附近组织前后排进攻，进攻失误两边攻防转换。

5. 拦—防—调—扣练习

（1）一拦三防调扣练习

教练员在 4 号位或 2 号位高台扣球，1 人拦网，其他 3 人防、调、扣。

（2）二拦三防调扣练习

教练员在 4 号位或 2 号位高台扣球。2 人拦网，其他 3 人防起后调、扣。拦网队员要积极后撤参与调、扣。教练员可有意地扣直线、斜线或打拦网队员手，以增加拦网和防守的难度。

（3）三拦三防调扣练习

对方队员分别在 2、3 号位或 4 号位扣球，3 人配合拦网，其他 3 人后排防守。场上 6 人均应积极参与调整传球及反击扣球。

（三）接传、垫球及其进攻

接传、垫球进攻主要包括接球、传球、扣球等技术环节。

1. 组成"边二传"进攻

教练员可有意地将球抛向中场或远角附近，3、4 号位队员迅速下撤准备接球或进攻，2 号位队员做好打"两次球"或接应传球的准备，后排队员主动接球，以保证前排快攻的组成，同时也可以参加后排进攻。

2. 后排插上组成"边二传"进攻

教练员将球抛向后场或远角附近，2、3、4 号位队员迅速下撤准备接球或进攻，1 号位队员快速"插上"组织进攻，后排 5、6 号位队员接球后也可以参加后排进攻。

3. 组成"心二传"进攻

教练员隔网将球抛向后场，2、4 号位队员迅速下撤准备接球或进攻，3 号位队员迅速撤至进攻线附近以"心二传"阵形组织进攻，后排 1、6 号位队员后排梯次进攻。

（四）接拦回球及其进攻

接拦回球及其进攻主要包括保护、调整、扣球等技术环节。

1. 保护练习

（1）自我保护练习

自抛自扣，对方单人拦网，扣球完成后立即进行自我保护。扣球的力量由轻到重，逐渐增加难度。

（2）拦—保练习

教练员向网上沿掷球，对方双人拦网，两名队员从两侧跟进保护。可两边同时进行。

（3）二传队员保护练习

二传队员组织进攻后，立即参加保护。因为二传队员最了解本方的进攻点，最容易保护成功。

（4）双人拦网下的保护练习

对方两人一组定点拦网，二传队员组织各种进攻后，场上队员参加保护。也可以组成3人定点拦网，以强化保护练习。

2. 保—调—扣练习

（1）模拟拦回球"保攻"练习

4号位队员跳起佯扣，教练员在高台抛模拟拦回球，场上队员积极保护，力争起球组织进攻。2、3号位队员也可参照进行。

（2）集体拦网下的"保攻"练习

2号位队员扣球，对方组成2~3人的集体拦网，可有意识地扣在拦网队员的手上，场上队员积极保护，力争起球组织进攻。3、4号位队员也可参照进行。

（五）模拟比赛的综合练习

1. 以本队战术运用为主的练习

教练员可采用隔网近距离发球或抛球的方法，模拟比赛中可能出现的情况，把球送到不同的区域，场上队员接球后，积极跑动组织各种战术进攻。待队员跑位及组织进攻基本熟练后，逐步增加发球和抛球的难度，以提高运用战术的能力。

2. 适应对方打法为主的练习

模拟对方的不同打法及战术变化，进行针对性的攻防练习，并根据本队的具体情况，制订出相应的措施，以达到克敌制胜的目的。

3. 模拟比赛中不同阶段的练习

根据比赛开局、中局、结局三阶段不同的特点及可能出现的问题，进行有针对性的练习。

4. 模拟"决胜局"的练习

强化战术运用的稳定性和时效性，减少失误送分的可能性，提高运动员对"决胜局"比赛的适应能力。

六、排球体能训练方法

（一）排球运动力量素质训练方法

在排球运动实践中，力量素质可分为最大力量、速度力量和力量耐力；也可分为上肢力量、腰腹力量和下肢力量。根据排球运动的特点，速度力量和力量耐力是排球运动的主要力量素质。

1. 发展手指手腕力量练习方法

手指用力抓空练习。

两人一球，用单手手指互相推球（手指自然张开，用手指的力量用力推球）。

两人坐着用指腕力量传排球或实心球。

左、右两手互相对抗，用力抓夺排球。

2. 发展上肢肌肉力量练习

手倒立（靠墙或不靠墙）、手倒立行走或手倒立推起。双人推小车，正向或反向。

头上双手或单手掷实心球（对墙掷、两人对掷）。

俯卧撑、击掌俯卧撑或手指俯卧撑。

3. 发展腰腹肌肉力量练习

徒手或负重进行"元宝收腹"、仰卧起坐、仰卧举腿、体侧屈。

俯卧体后屈，另一人扶脚（徒手、负重）。

凳上或斜板仰卧起坐（徒手、负重）。

单杠或肋木上悬垂举腿。

背向抛实心球。

（二）排球运动速度素质训练方法

速度的本质是一种能力，是指运动员在单位时间内是否能够完成某种动作或移动某段距离。由于排球比赛对于运动员速度方面的要求是非常高的，因此排球运动员在训练体能时，速度训练占有非常高的比重，他们要努力提升适应迅速运动的对手与高速运动的球的能力。

1. 反应速度练习

（1）躲避球击

这项练习需要将全队的队员分成两组，一组站在半场界内，另一组站在场外，场外队员使用排球向场内队员抛击，场内队员需要根据球的速度进行躲避，在这个过程中，被球击中的队员就要出局，直至场内队员全部被击中，游戏结束。

（2）冲刺接球

冲刺接球是指教练让队员在离自己3米处的地方准备接球，教练员则单手举球，看准时机让球进行自由落体运动，队员则在这时接近排球，并将球接住，不让球落地。

（3）移动截球

移动截球是指队员在半场中准备截住教练员抛过来的球，这个练习对运动员的瞬时判断能力有着非常高的要求，需要运动员在球未出半场或未落地之前接住教练员抛来的球。

2. 动作速度练习

在练习扣球动作时，教练可以让队员以扣球的姿势抽打树叶，树叶的高度应该在手臂伸展之后能够到的最高处。

两人结为一组，在距离10米的地方向对方肩膀投球，在队员投球时，教练要提醒他们使用挥臂扣球的动作进行，并且力量要均匀，使球被掷出后能够按照与地面平行的角度行进。

距墙10米左右，单手肩上掷排球，要求以挥臂扣球动作掷出。

3. 移动速度练习

在中线与进攻线之间做3米快速往返移动（侧向或前后）。

"米"字型快速往返移动。

向前或两侧连续做徒手滚翻、鱼跃、前扑救球动作，或结合视、听信号做地上动作的组合练习。

（三）排球运动弹跳力素质训练方法

运动员的跳跃能力就是我们一般所说的弹跳力，对于运动员来说，弹跳力就是对于他们在训练速度、力量与协调能力时的直观体现。

作为排球运动员最重要的身体素质之一，弹跳力能够对排球队员选择的战术水平起到至关重要的作用。

1. 各种徒手跳跃

单足交替向前跨跳。

原地跳起收腹。

立定跳远或多级跳远。

连续蛙跳。

助跑起跳摸篮圈或篮板。

原地直膝向上连续跳。

2. 利用各种场地器材的跳跃练习

双脚跳越体操凳前进。

双脚连续跳过栏架。

连续跳台跳深练习。

在由低到高的橡皮筋上连续向上跳。

地上画线的各种交叉、转体跳。

跳绳（单足跳、双足跳、双摇跳等）。

（四）排球运动耐力素质训练方法

排球比赛并没有准确的结束时间，如果双方水平相当，那么一场比赛很可能持续几个小时，因此，这就要求运动员的耐力要达标，这样才能在排球比赛中发挥出最好的状态。

1. 移动耐力的练习

单人左右移动拦网各 10 次。

持续 1~3 分钟的 3、4 人后排连续防守救球。

30 秒 3 米左右移动 5~8 组。

看、听信号向各个方向移动，2~3 分钟为一组。

全场、半场篮球赛，或小场地足球赛，要求人盯人防守。

2. 发展弹跳耐力的练习

连续原地或助跑单手摸高，连续助跑起跳以扣球动作打树叶。

3 人一组，连续循环跑动扣 60~80 个好球。

连续跳绳、移动跳起摸球。

原地或沙地连续直膝跳、蹲腿跳、跳起抱膝。

3. 发展速度耐力的练习

多组 200 米或 400 米全速跑，每组间歇时间为 1.5~2 分钟

1500 米变速跑，直道时全速跑，弯道时慢跑。

集体变速跑：全队成一列纵队，间隔约 3 米，在田径场慢跑或中速跑。最后面的队员向前冲刺跑至队伍前面变慢跑，依次进行。距离为 1500~3000 米。

长距离定时跑：3000 米、5000 米或越野跑。

冲刺跑：30 米 ×10 次，每次间歇 15~20 秒；60 米 ×10 次，每次间歇 30 秒。

3 或 5 人一组，连续滚翻救球，每人 30~50 次。

（五）排球运动柔韧素质训练方法

排球运动对于运动员的身体素质有着极高的要求，并且非常看重运动员腰部、肩膀与髋部肌肉韧带的柔韧性。柔韧性对于排球运动员也是非常重要的素质之一。

1. 柔韧素质练习

各种肩绕环（徒手或持哑铃）。

手扶固定物做压肩；两人面对站立手臂互握，上体屈，压肩练习；跪地双臂前伸，肩下压。

单双手肩后握肋木或低单杠，以身体前移或下移做拉肩。

肋木、低杠或高台直膝压腿，肋木、低单杠、高台挂腿体前压或体下压，弓步压腿或弓步压胯走。

2. 柔韧游戏练习

（1）弓身过障碍比赛

弓身穿越跳高架的下缘，手不能触地，集体通过后下降一个高度，将杆碰掉者淘汰出局，最后过杆或碰杆者为胜。

（2）"卓别林脚"接力比赛

分 2~3 个组，在端线以脚尖外展使脚内侧朝前的方法行走，至本场进攻线折回。

（3）头上胯下传球比赛

两列纵队，前后一臂间隔，用头上胯下传球方法，从前面往后传，最后一个接到球后迅速跑到前面再向后传，全队每人轮一次为止，比赛哪个队快。

（4）圆圈传递球

全队坐成一个大圈，面朝外，两人之间两臂间隔，用体转双手传递球。用两个球从圆圈直径的两端开始，尽快使一个球追上或接近另一个球。

第五章　小球类运动的训练方法与实践

网球、乒乓球、羽毛球运动是目前高校常见的小球类项目，本章主要介绍高校体育网球运动与训练；乒乓球技术、战术和体能的训练以及羽毛球技术、战术和体能的训练内容。

第一节　高校体育网球运动与训练

一、网球运动的起源与发展

12 世纪至 13 世纪，一些法国传教士为了打发业余时间，在走廊里使用手掌击打一个球状物体，这就是网球运动最开始的模样。100 年后，网球游戏由法国的诗人带到法国宫廷，自此，网球运动在法国皇宫中流行开来。起初，这种活动是在大厅中进行的，使用棉布将球包裹起来，再使用绳子捆住，在大厅中扯一根绳子，将其作为分隔场地的标志，将手作为球拍击打球体。14 世纪中后期，这种运动在英国宫廷也开始流行，成为英国上层社会的一种娱乐活动。16 世纪至 17 世纪时，是法国和英国宫廷开展网球活动的盛行时期。

后来，人们厌倦了用手击球，板拍和球拍应运而生。最初，网球运动是戴着一种皮制手套进行相互击球。后来，手套逐渐演变成板拍，板拍又很快被蒙着羊皮的木制球拍代替。同时，场地中间拉的绳子增加了无数条垂向地面的短绳子。17 世纪时，场地中间的绳帘改成小方格网子，球拍也改成了穿线的球拍。随着球拍的变化，球也随之不断发生改变。1845 年，用鳔胶制成的网球出现，网球运动得到了更快的发展。

19 世纪，美国人温菲尔德将这种球类运动的场地由大厅发展到草坪中，并为其取名叫作"草地网球"，并出版了一本名为《草地网球》的书来为社会大众介绍这种球类运动。自此，英国曾经最流行的"板球"被草地网球所取代，成为当时英国最热门的的室外活动，温菲尔德也自此有了"近代网球之父"的美誉。1874 年，美国第一个网球场被当时的女运动员奥特布里奇建立起来。7 年后，美国全国草地网球协会成立，并举行了第一次美国男子网球冠军锦标赛。后来，由于美国对网球运动的重视，美国网球在世界上的影响力越来越大，甚至超过了法国与英国。1896 年，雅典运动会在万众瞩目下举办，自此，网球正式成为比赛项目存在。20 世纪 60 年代，网球运动逐渐向着职业化方向迈进。

二、我国网球运动的发展

鸦片战争使我国被迫向世界打开大门，网球运动也就是在那个时候由其他国家的商人、传教士与士兵带到中国的，他们在中国大量修建网球场，在球场中进行球类运动。随着这项运动在中国的不断传播，我国的人们对这项运动的了解也在不断增加，我国较为先进的城市也建立了一些网球场地供人们娱乐，促使我国网球水平迅速提高。

目前，网球运动在世界各地得到了广泛的发展，我国的网球运动发展也有了较大的进步。

三、网球基本技术训练

（一）准备姿势

身体面对球网，双脚开立稍宽于肩，双膝微屈，身体略向前倾，脚掌着地，重心落在双脚的前脚掌上。以右手握拍为例：右手轻握拍柄，左手轻托拍颈，双肘微屈，球拍置于腹前，在胸、腹之间的高度，拍头指向对方，两眼注视对方来球，身体及肩部放松。握拍要放松，根据来球迅速地作出反应，随时做好击球准备。

（二）握拍方法

1. 东方式正手握拍法

大拇指与食指间虎口所形成的"V"字型对准拍柄上平面偏右的位置，手掌和第二掌指关节紧贴右垂直面，形同和球拍握手，食指与中指稍分开，掌根与拍柄底部齐平。

2. 东方式反手握拍法

在正手握拍法的基础上，虎口的"V"字型向左转动，对准拍柄左上斜面，手掌根部贴住拍的左上斜面，与拍柄底部齐平。

3. 西方式正手握拍法

虎口的"V"字型对准拍柄右上斜面的下缘，掌根贴住右下斜面，与拍柄底部平齐。

4. 西方式反手握拍法

虎口的"V"字型向右转动，对准拍柄右垂直面，用与正手击球同一拍面击球。

5. 大陆式握拍法

正、反手击球用同一种握法，虎口的"V"字型对准拍柄上平面与左上斜面的交界线上，掌根贴住上平面，与拍柄底部齐平。

6. 双手反手握拍法

右手以大陆式或反手东方式握拍，左手以正手东方式或西方式握拍，左手紧贴右手上方。

（三）基本站姿及步法

1. 站姿

（1）开放式击球站姿

两脚面对球网并排站立，双脚连线与来球方向垂直。击球前，应扭转上半身使左肩侧对球网，同时向后引拍；击球时，身体重心由右向左移动，右脚向后蹬地。

这是西方式、半西方式正手握拍选手采用较多的击球站姿，因双脚侧向自然分开，所以移动击球时速度较快。其引拍、挥拍时，腰和肩扭转的幅度大，使腰部的发力更加充分。

（2）关闭式击球站姿

两脚面对球网前后站立，双脚连线朝向来球方向。击球前，左脚向右前方上步，右脚向右转90度与底线平行，同时转肩和髋，带动右手向后摆动引拍。

关闭式击球站姿多用于东方式和大陆式握拍的选手，因双脚前后方式站立，所以左肩直接侧对球网，向前挥拍。其挥拍送球时间较长，击出球的落点较深。

2.基本步法

以右手握拍为例，常用的基本步法如下：

（1）正手击球步法

原地时，右脚右转90度，同时转体，左脚向右前方跨，与端线约呈45度角。左肩对网击球。

移动时，右脚向右侧跨出半步，同时右脚向右转，左脚则与击球方向呈一定角度跨出，与端线约呈45度角，左肩对网击球。

（2）反手击球步法

原地时，左脚左转90度，同时转体，右脚向左前方跨出。右肩背侧对网击球。

（3）前进步法

正手击球时，左脚向前跨一步，右脚跟着向右前跨出，约呈45度角，此时重心在右脚，击球后移至左脚。

反手击球时，左脚向前跨步，右脚滑步跟上，左脚向左前迈步，右脚大步跨到左脚前与球网约呈45度，此时重心在左脚，击球后移至右脚。

（4）反退步法

正手击球时，右脚后退，左脚随同后退，右脚向右转，左脚跟随向右转约45度角，重心在右脚，击球后重心移至左脚。反手击球时步法相反。

（5）侧移步法

向右移动时先开右脚再跟左脚，向左移动时先开左脚再跟右脚。

（四）击球技术

1.正手击球技术

从准备姿势开始，以右脚为轴，向右转肩转髋，同时左脚前跨一步使两脚与肩同宽；身体左侧对球网，重心移到右脚上，转体的同时带动球拍直接后引，将拍面引到与身体平行；球拍高度齐膝，拍头略高于手腕，左臂微前伸保持身体平衡。挥拍击球时，身体重心移至左脚，并以左脚为轴向左转髋转肩，带动右手臂向前迎击球的中部；击球点在左脚侧前方；球离弦后，球拍随惯性挥至左肩上方，并迅速还原到准备回击下一次来球的状态。

2. 反手击球技术

（1）单手反手击球

对于初学者在最初学习反拍时可采用东方式反手握拍法。准备姿势同正手击球；由转肩动作带动球拍后引，并在左手扶拍颈帮助下调整为反手握拍；协调运用腿、腰、肩和手臂的力量，以鞭打式的挥拍动作击球；击球后球拍继续自然向右前上方挥出，到达身体右侧上方。

（2）双手反手击球

运动员在确定对方来球的行进方向为非惯用手方向时，要及时调整姿势，使右脚在前，身体右侧向来球方向转动，双手持球拍向左后方挥动。在准备迎球时，挥臂、转体要一气呵成，将球拍由低到高做弧状运动，在球靠近右脚侧前方时挥拍击球，击球后，双手随着惯性摆至右侧与头部同高，身体重心向右移动，恢复准备姿势。

（五）发球技术

发球是比赛开始的第一个动作，应当把发球看成进攻的开始。一个好的发球具有攻击性，并使发出的球在速度、力量、旋转和落点上有变化。发好球的重要因素是：动作连贯、动作简单、良好的平衡和准确的抛球、合理的正确握拍。发球基本上有切削发球、旋转发球和平击发球三种方法。

1. 动作要领

（1）握拍

初学者多采用东方式反手握拍法。

（2）准备姿势

在做发球的准备姿势时，运动员要注意全身放松，左肩与左边网柱持平，双脚与肩同宽，左脚与端线的夹角呈 45 度角，重心放在左脚上，右脚平行于端线，左手将球拍放置在与腰同高的地方，拍头向前，集中精力看向来球。

（3）引拍抛球

动作是同步开始的，持球手拇指、食指和中指三指轻轻托住球，掌心向上。当向下、向后引拍时，持球手同时下降至右腿处，紧接着当球拍从身后向头上方做大弧度摆动，身体做转体、屈膝、展肩时，持球手柔和地左前上举，直至伸高及头顶，当球送至最高点再离开手指抛向空中。此时右肘向后外展约同肩高，拍头指向天空，左侧腰、胯成弓形，身体重心随着抛球开始先移向右脚，然后平稳地开始前移。

（4）击球动作

抛球后身体开始向前移动，球拍在身后做绕环动作，并最后向前挥拍击球，挥拍击球时，持拍手腕带动小臂有一个旋内的"鞭打"动作，这就是发球发力的关键动作，也是其他诸如重心前移、蹬腿、转体、挥拍等力量聚集的总和。在球拍触球过程中应该注意体会拍面向上、向前、向下三个运动过程。

（5）随挥动作

当球拍将球击出时，继续沿弧形挥出，收拍于身体左侧下方。

2. 常用的发球技术

（1）切削发球

使用东方式反手握拍，球拍拉至背后时，肘关节要抬起，向前挥动时加速明显。击球时，前臂、手腕和球拍柄几乎在一条直线上，并要用手腕向前扣击；击球后，球拍斜着挥动，落到身体的另一侧，两眼始终看球。比赛中常用作第二次发球。缺点是易被正拍攻击力强的对手抽杀。

（2）平击发球

发球时击球点在身体的右前上方，以拍面中心平直对准球，利用手腕的向前抖甩和前臂的"旋内鞭打"击球的后中上部。发球时，身体应充分向上向前伸，获得最高击球点，以提高发球命中率。这种发球的优点是发球力量大、速度快、落点深，极具威胁。一般做第一次发球用，常可直接得分。缺点是命中率低，因为对方回击快，上网有时来不及，并且消耗体力大。

（3）旋转发球

抛球离身体较近，可在上方；屈身体成背弓，重心在后；击球时，有明显的扣腕动作，使球拍头向上并翻越过球，身体重心随之跟进；击球后，球拍应横挥过身，在身体的另一侧。这种球适于对付反拍差的对手，也易于发球后上网截击。多用于双打的发球和单打的第二发球。

（六）接发球技术

接发球时，要根据对方发球的实际情况及球的线路、力量、速度和旋转，做出应有的判断，从而采取有效的击球方法。尽可能用正手击球，以便达到有效的结果。

1. 接发球站位

接第一发球时站位一般可靠后些，以便接对方发来的力量较大的球；接第二发球时，可向前移动些。总之，接发球时要根据自己击球特点和自己的反应、判断能力，来选择最有利的站位。

2. 接发球的要领

准备接发球时，身体重心稍高些。

向前迎击球时，要主动进攻，不要被动应付。

挥拍时后摆动作要小，把注意力集中在球上。

击球时手腕要固定，拍头不能掉在手腕下面。

（七）提高阶段的技术内容

1. 截击球技术

截击球是网前进行的一种回球方法，即当球在空中飞行、落地之前，把对方来球击回对方场区。正、反手均可使用大陆式握拍法。截击时，手腕要固定，手臂后拉动作尽量小，利用转肩完成后摆，以"碰""推"的动作击球。球在右前方，左脚向右前做交叉跨步击球；球在左前方，则右脚向左前做交叉跨步击球。

2. 挑高球

（1）进攻性挑高球

进攻性挑高球又叫上旋高球。对付威力强大的网前截击型对手，使用强烈的上旋高球是"致命的武器"之一，它能打乱对手的网前战术。这种球能够强劲飞越网前对手，迅速落在后场，使对方既够不着又追不到，即使勉强打到高压球，也是软弱无力的，从而露出空当，给破网得分创造机会。

（2）防守性挑高球

防守性挑高球也称下旋高球，它飞行弧线高，比上旋高球更易控制，具有失误少的优点。在底线对打被对方打离场地时挑下旋高球，能赢得时间回到有利的位置。如果能掌握下旋高球，同样能不给对方在网前扣杀的机会。

3. 高压球

同截击球一样，属于上网击球动作，是当对方挑高球时进行扣杀的基本技术。当高球过来时，及时移动脚步，侧身对网，右手收拍，左手指向来球；击球前，球拍后摆比发球简短，但也须抬起肘部，垂下拍头；当高球飞近击球点时，迅速摆拍，在头顶前上方尽可能高处击球。

4. 反弹球

反弹球是将刚刚跳起的球，用小臂带一点手腕动作将球借力挡过网。要判断好落点和反弹角度，拍面适当向前倾斜，尽可能在脚前击球。

5. 放短球

当对方在底线附近跑动时，出其不意放一近网短球，使之在无准备或迟疑中失误。放短球时，更多的是用手腕动作，利用小臂带动手腕的力量，使球拍沿球下部急剧滑动，以缓冲来球的前冲力，并使球随着球拍下切动作产生后旋。短球常以突袭制胜，但对善于上网的对手不可多用。

四、网球基本战术训练

网球战术是指运动员在比赛中通过观察、分析、判断，有目的地运用所掌握的技术，争取主动，控制比赛节奏和最后赢得比赛胜利的方法。因此，在比赛中要掌握以下几点原则：保持击球的连贯性，尽量保持不失误，攻击对方的弱点。网球战术可以分为单打和双打两大类。

（一）单打战术

1. 发球战术

第一发球可采用大力发球，在右区发球时，发向对方中线附近，迫使对方反手接球，第二发球可采用侧旋球，发向对方右侧，利用侧旋迫使对方离开场区接球。

在左区发球时，多数的球应发向对方左边线附近，即对方的反手位。当然，临场还必须根据对方接发球的位置和弱点，将球打到对方防守较差的区域。

2. 接发球战术

接发球是由被动转变成主动的第一过渡阶段，是由守转攻的开始点。一般接发球首先考虑不失分，再考虑如何将球回到对方的弱手位或对方端线的两角。

（1）右区接发球

右脚应靠近单打边线，因为对方发右区球时，球能够拉得较远。

（2）左区接发球

可往中间靠一点，由于右手握拍在左区发球时，难以将球拉出很远。

3. 底线球战术

底线对抽是网球双方在比赛或练习中自我调整时间最多的阶段，应采用不断变换击球的方法，击出不同力量、旋转、线路的球，使对方不能有规律地移动，打乱他的节奏，以掌握主动，争取最终胜利。

4. 上网战术

上网是积极、主动的打法。在发球或接发球后，冲到离网较近的位置，不等对方回击的球落地，便进行空中截击或高压。运用上网战术的关键是要掌握好上网的时机，多用于第一次发球。发上旋球后，借助球在空中飞行时间长，对方难以回击之机上网截击。若抽击球后上网，则出球要斜、要深、要重，或接近中央地带。上网时，要提防对方击直线球。

（二）双打战术

1. 双打的站位

双打位置的站位一般应是正拍好的站在右面，反拍好的站在左面。一前一后、一左一右是最常见的站位。

2. 双打战术

（1）发球上网抢网战术

运用此战术首先网前同伴可以在背后做手势，告诉发球员应发什么落点，抢与不抢；采取此战术可以干扰对方接发球，为发球上网得分及抢网创造条件。

（2）破发球上网战术

为了抢占网前有利位置，当发球方发球时，特别是第二发的时候，接发球员要判断准确，然后随着发球上网。对付发球上网一般做如下处理：把球击向发球线附近，或直接击向跑动上网者脚下；加强上旋，把球斜线击向发球区边线附近；挑高球到对方上网队员身后；乘对方非发球队员站位偏中时，直线击球破网。

五、网球体能训方法

（一）网球力量素质训练方法

虽然在网球运动中，上肢力量和耐力在击球效果及避免受伤中起着很重要的作用，但下肢力量同样应该得到重视，在整个训练过程中应该得到保证。通过增加肌肉力量和耐力，运动员即使在比赛结束时也能够像开始时那样在场地中快速移动。

1. 上肢训练

（1）杠铃抓举练习

以最大力量的 70% 左右的重量进行训练，每组练习 2~4 次，练习 2~4 组。要求动作协凋，并以比较快的动作来完成，发展爆发力。

（2）杠铃卧推练习

以个人最大力量的 60%~70% 的重量进行训练，每组练习 8~12 次，练习 4~6 组，发展上肢肌肉的耐力和使肌肉增粗。

（3）杠铃曲肘上举练习

以个人最大力量的 30%~40% 的重量进行训练，每组练习 6~8 次，练习 3~5 组，发展肱三头肌及上肢爆发力。要求以较快的速度完成。

（4）俯卧撑练习

每组练习 15~20 次，练习 4 组，发展上肢力量。

（5）引体向上练习

双手抓住单杠，双手相距 46~50 厘米。引体向上，尝试让下巴接触单杠。回到起始位置。以较快的速度来完成。要求腰部要协调用力，稍稍用力伸展背部。

不要前后摆动身体。向上时吸气，向下时呼气。每组练习 8~12 次，练习 2~3 组。

（6）哑铃卧推

躺在长凳上，双脚平放在地上。双手握住哑铃向上伸直，手掌相对。手臂弯曲使哑铃下降到胸部两侧，双臂靠近身体。用同样动作轨迹把哑铃推向起始位置。手臂必须总是靠近身体。向下时吸气，向上时呼气（练习 3 组，每组分别做 12 次、10 次、10 次）。

（7）站姿杠铃推举

将杠铃举至胸部，双手与肩同宽。腿部和臀部保持不动。肘部略低于杠铃。将杠铃举至头部上力至手臂伸直，放下至胸上部。注意：两次重复动作之间，杠铃由胸部支撑而不是手臂。挺胸，向上时吸气，向下时呼气。练习 3 组，每组分别做 12 次、10 次、10 次。

2. 下肢训练

（1）跨步练习

在网球训练中，这是一种非常特殊且有效的训练方式。在这个练习中，运动员要将双脚分开站立，用手抱一个实心球置于颈部，加大运动阻力。直立躯干向前跨步，降低身体重心。前腿膝关节弯曲呈近 90 度。对于膝关节曾经有过损伤的运动员，弯曲不能超过 45 度 ~60 度。从运动员的视角来看，膝盖在任何时候都不能超过脚尖。到达最低的位置后，运动员再用力支撑身体回到初始位置。可以向自己的正前方做跨步练习，或 45 度斜线（向左或向右）进行，以增加在网球中的应用。

（2）蹲坐练习

将实心球放在脑后，或运动员手提哑铃，然后做下蹲动作，下蹲的同时保持躯干直立。膝关节弯曲至接近 90 度，使膝盖与脚趾前端在同一条线上，注意每次动作到位时要略有停顿。练习 3 组，每组 25~30 次。

（3）深蹲跳起

直立，双臂交叉放在胸前，抬头，背部挺直，双脚相距 40 厘米。下蹲直到大腿与地面平行（或更低）。抬头，背部挺直，双膝稍向外。向上跳起，利用大腿发力，马上下蹲并再次跳

3.躯干训练

在击球时，腹部肌肉的力量是非常重要的，因此，运动员为了提高自身的体能水平，就必须要将训练腹部肌肉力量放在重要位置。

（1）负重仰卧起坐练习

手持5千克杠铃片于头后，连续做仰卧起坐，练习2~3组，每组练习10~15次。

（2）腹部静力练习

运动员仰卧，脚抬起放在椅子或盒子上，使两膝呈90度。双手放在脑后或交叉放在胸前。双手只是将头和颈部支撑住，而不用将头往上抬。弓身，直到两肩离地。没有必要弓到胸部与大腿接触的程度，因为在练习的开始阶段腹部的肌肉就能够得到锻炼。保持平衡，持续时间1~2分钟。练习3~5组，每组间歇时间为60~90秒。

（3）屈膝仰卧起坐

把双脚用仰卧起坐板束带固定或让同伴按住双脚。膝部弯曲45度，手臂交叉放在胸前，后仰起到背部下方接触到仰卧起坐板。坐起，同时注意腹部肌肉。躺下时吸气，坐起时呼气。练习1~2组，每组练习25~50次。为避免肌肉力量不平衡而导致的受伤，必须使后背肌肉力量与腹部力量相平衡。

（4）背肌动力练习

身体成俯卧，压住双脚，两手抱头起。练习3~5组，每组动作练习20~30次，每组间歇时间为60~90秒。

（5）背肌静力练习

压住双脚，两手抱头起，离地面30~40厘米，持续时间1~2分钟。练习3~5组，每组间歇时间为60~90秒。

（二）网球运动速度素质训练方法

网球比赛中，要求判断快、反应快、起动快、移动快、击球动作快。因此提高神经系统兴奋与抑制过程中的强度对提高速度素质有帮助，对于提高速度也是有利的。

1.提高练习者的反应速度

首先是通过运动员视觉观察；其次是通过听觉对声音的辨别，经过判断迅速做出动作。因此，反应速度练习的一个特点就是要使运动员根据信号做出迅速的反应。

（1）侧滑步移动训练

运动员做侧滑步时，听教练员哨声，向另一侧做出快速侧滑步移动；或两名运动员为一组，面对面做侧滑步移动，一名运动员随时起动向一侧做快速侧滑步移动，另一名运动员则迅速做出反应随对方做出同方向的快速移动。

（2）往返冲刺跑

运动员可分为 8 人一组，在冲刺跑动时，听教练员的哨声后急停，做反方向冲刺跑动，时间为 8~10 秒。

（3）反应性游戏

找伙伴组合：运动员排队绕周慢跑，间隔为 1 米，听教练员口令规定的几名运动员即几人成组，不符合组合人数者为失败，失败者罚做俯卧撑。此方法可在技术训练前的准备活动时采用，以提高兴奋度。

（4）起动追拍

两人一组前后相距 2~3 米慢跑，后者追前者，追上并拍击其背部就停止。在追赶时教练员也可发出第二次信号，让运动员向后转身交换追拍。

2.提高练习者的动作速度

由于专项要求的不同，动作速度练习的任务和内容也有区别。动作速度的培养必须通过技术水平的巩固与提高，以及有关身体素质的发展才能实现。

（1）双摇跳绳

连续双摇跳绳，要求整体动作配合协调。每组时间为 45~60 秒。

（2）拉力练习

橡皮带固定在球台上，双手握住橡皮带做双臂抗阻力及各种动作拉力训练。各组各种动作练习 20~30 次，每组间歇时间为 60~90 秒。

（3）高抬腿接冲刺跑练习

原地高抬腿练习，听教练员喊口令迅速起动跑出 10~15 米。频率节奏及高抬腿的高度不能下降。每组动作做 10~15 秒，每组间歇时间为 60~90 秒。

（4）快速哑铃练习

持 1 千克的轻哑铃，做快速三点正手攻、正手拉、扣杀球动作。要求动作准确，速度快。

3. 提高练习者的移动速度

移动速度与人的神经过程的灵活性关系密切，神经兴奋与抑制过程灵活性越高，转换能力越强，人体两腿变换频率越高，移动速度也越快。移动速度是由各个单个动作速度和组合动作速度组合而成。发展移动速度时要考虑反应速度、动作速度、位移速度之间的相互关系，就移动速变而言，反应速度是前提条件，动作速度则是基础。

（1）快速滑步

练习 2~3 组，每组动作练习 15~20 个来回，每组间歇时间为 60~90 秒。

（2）小步跑变加速跑练习

站立，听信号做原地小步跑练习 10~20 秒，听口令接加速跑练习。

（3）200 米、400 米冲刺跑

组数为 2~3 组，每组间歇时间为 3~5 分钟。

（三）网球运动耐力素质训练方法

网球运动过程中，在红土场地上，大多数得分一般在 10 秒以内，而在硬地场，平均每次得分一般在 5 秒以内。在这段时间内，运动员还要注意四周的变化，每一次这样短时间的爆发运动都是无氧代谢。

但是这并不意味着运动员可以忽视有氧代谢训练，有氧代谢能力同样是很重要的。

此处介绍一种提高有氧与无氧代谢能力的训练方式——间歇练习。间歇练习包括周期性的练乏与间歇性的休息。可以通过调整训练的距离、训练的间隔、两次训练间恢复间隔与训练的次数来重点练习有氧代谢能力或无氧代谢能力。

1. 以提高非乳酸性无氧代谢能力为主的练习

冲刺跑：距离 200 米、400 米连续跑。

移动中连续进行 50~100 个多球练习。

50 米变速跑 ×（8~10 次）

中距离跑 400 米、800 米。

2. 间歇性专项步法练习

利用场地的端线、边线做各种步法移动练习。采用 30~90 秒 / 组，练习 8~16 组，快速，组间休息 2~3 分钟；或采用 3~30 分钟 / 组，练习 1~6 组，中速，组间休息 2~3 分钟。

（四）网球运动柔韧素质训练方法

1. 训练步骤

在伸展训练之前，热身 3~5 分钟，直到略微出汗，使身体温度提高。

如果伸展时受伤或者有一种滚烫的感觉，那么就是伸展得太过了。

伸展到个人的极限位置。

首先拉伸两侧的肌肉。

不要固定关节。

不要反弹。

2. 安全措施

在网球比赛中大多数下肢受伤实际上是慢性的，发生在反复快速起动、急停与变向的情况下。伸展下肢末端的肌肉对避免急性与慢性的损伤的发生以及关节处于极限位置时的保护是很关键的。

膝关节——高抬腿运动：身体直立单腿弯曲，抱住膝关节上面大腿内侧。慢慢抬起膝关节至胸前保持一定时间。

跟腱伸展包括以下两种方式：身体平卧，单腿伸直，抬起贴着躯干，用手逐渐增加拉伸程度，使脚趾背屈以拉伸小腿；身体呈坐姿，一腿盘曲，另一腿伸直，通过向前屈体使胸部靠近大腿，同时保持背部伸展，脚趾充分背屈。

股四头肌伸展：单腿站立，一手扶墙。另一只手抓住另一只脚的脚踝拉向臀部使膝关节弯曲。保持背部平直，臀部收缩，尽可能地使膝关节朝下正对着地面，不要指向外面或使膝关节扭曲。

（五）网球运动灵敏素质训练法

跳绳是一项非常好的网球项目的练习方式，它既能提高腿部的力量，又是发展耐力和灵敏度的一项练习方式。跳绳的方法和手段多种多样，有前后和左右跨跳、高抬腿跳、交叉跨跳、双摇跳、单足跳等。

第二节　乒乓球技术、战术和体能的训练

一、乒乓球运动概述

乒乓球运动的起源与网球有着密切的联系，乒乓球运动英文为 Table Tennis，即为桌上网球。乒乓球运动于 19 世纪末起源于英国，流行于欧洲。最开始被称作"弗利姆"或者"高西玛"。在英国，这项运动并没有固定的规则与标准的活动器械。具体来说，对于球桌，很多学生是运用室内的餐桌，然后在餐桌上用书或者用两个高背的椅子在中间拉线当做球网；对于乒乓球则是运用软木或者橡胶制作而成；对于球拍，很多学生都是在空心椭圆的球拍上黏贴羔羊纸。然后运用球拍在桌子上将球打来打去，另外，规则也并不统一，有的 20 分一局，有的 30 分一局。

在 19 世纪 90 年代，人们发现用羊羔皮制作而成的球拍拍打球时，球拍、球与桌子之间会产生的乒乒乓乓的声音，所以人们就将这项运动叫作"乒乓球"。

在 1920 年以前，乒乓球这项运动一直都是处在游戏阶段，但是到了 1920 年之后，乒乓球这项运动开始逐渐受到人们的重视，乒乓球作为运动项目并多次举办乒乓球邀请赛。世界第一届乒乓球锦标赛于 1926 年 12 月英国举办，当时比赛项目有男子单打、女子单打、男女混合双打等六项运动项目。1934 年，第 8 届世界乒乓球锦标赛增加了女子团体赛。1947 年 3 月，在法国巴黎举行了第 14 届世界乒乓球锦标赛，该届比赛增加了女子安慰赛和元老杯比赛。自此，世界乒乓球锦标赛有了 10 个比赛项目。

乒乓球运动传到亚洲是在 1902 年至 1903 年间，日本东京高等师范学校教授坪井玄道，从英国将乒乓球的整套用具带回日本，乒乓球活动从此传到亚洲。到了 1904 年，上海一家文具店出现打乒乓球的表演，从此中国便有了乒乓球活动。

乒乓球运动的一个显著特点是速度快、变化多。经过研究发现，球在空中飞

行的速度非常快，从这个台面到另一个台面的时间不到 1 秒，在这样短暂的时间内，运动员需要对球在空中的速度、落点方向等方面进行预判，然后快速地做出措施与动作，将球拍调整到正确的位置与角度上，从而快速挥拍击球。由此我们可知，运动员要想自如的应对这些变化，就要求乒乓球运动员打乒乓球时要思想集中、反应快，必须经常由一个动作、战术转变到另一个动作、战术，因而乒乓球素有"聪明人的运动"之称。

二、乒乓球运动基本技术训练方法

(一)基本站位

1. 进攻型打法的基本站位

一般情况下，运动员需要站在离乒乓球台端线 50 厘米的位置上。当然，有些习惯距离进攻的运动员则可以站的离乒乓球台端线近一些，大约是 40 厘米；擅长中近台进攻的选手，站位可稍后些（如直拍弧圈打法的站位距球台端线 60 厘米，横拍两面拉打法的站位距端线约 65 厘米）；擅长正手侧身抢攻的运动员，可站在球台偏左侧（如直拍、横拍以侧身抢拉为主的选手，左脚约站在位于球台左边线延长线外约 25 厘米处）；对于习惯打持续球与习惯反手持乒乓球拍的运动员，则可以站在乒乓球拍的中间位置，也可以站在稍微偏反手的位置上。

2. 削攻型打法的基本站位

一般情况下，对于削攻型打法的运动员需要站在距离乒乓球台端线的 100~150 厘米的位置上。但是对于那些习惯运用反手的运动员，则可以站在乒乓球台中间稍微偏反手的位置上；那些进攻能力强的运动员就可以站在距离球台端线 100~150 厘米距离稍近的位置上，站位距离稍远的位置则是擅长防守的运动员站地位置。

但是我们需要注意的是，上述所说的位置距离只是一个较大的范围区间，而不是一个固定的点。因此，各个进攻类型也会有不同的站位位置，并且不同类型的站位位置区间也是不同的。具体来说，对于那些习惯直拍习惯快速进攻的站位范围则指的就是在很小的范围，但是对于圆弧型的打拍方式范围则是需要大一些，对于削球打法站位的范围则是需要更大一些。除此之外，站位还与运动员个人打球的习惯与特点有关，比如在那些习惯反手进攻的运动员则会站在乒乓球台中间偏反手的位置上，那些擅长进攻的运动员则是站在乒乓球台偏左的位置上。

（二）准备姿势和步法

1. 准备姿势

（1）下肢

两只脚左右分开站立，分开距离大约与肩的距离保持一致，身体稍微向右侧偏向，面向方向是乒乓球台。两膝自然弯曲稍内收并内旋；前脚掌内侧着地、提踵，重心置于两脚之间。同时，两脚不停地小幅度、小范围、小动作地交换着重心随时准备起动，便于发挥腿部力量。

（2）躯干

稍含胸收腹，上体略前倾，下颌微收，两眼注视来球。要收腹提气便于腰髋的转动和发力。

（3）上肢

拿乒乓球拍的手与不拿乒乓球拍的手都是放在身体前侧，自然弯曲，与此同时，拿乒乓球拍的手应该放松三角肌，让肘关节微微外张，保持平衡的状态。前臂、手腕、手指肌群放松自然握拍，使拍面稍前倾呈半横状置身体腹部右侧前方。

2. 步法

打乒乓球时脚上的步法也有很多，但是日常生活中最基本经常使用的有以下5种：

（1）单步

这个动作一般是在打定点球的时候运用，具体来说就是在打乒乓球时，运动员以一只脚为轴，作为轴的那只脚不动，另一只脚左右移动。

（2）换步（跟步）

换步通常情况下是运用在回应小角度方向的来球，具体的动作主要是在打球时一只脚朝着来球的方向迈步，另一只脚紧跟上去，两只脚左右跳动以此来回应来球。

（3）跨步

跨步一般是用在补救险球的时候，这时运动员距离来球较远，所以运动员会先一只脚向来球的方向大跨一步然后另一只脚跟上。需要注意的是跨步一定要灵活，在较短的时间内到达来球将要落下的位置，否则就算到达位置也将无法接住来球。

（4）跳步

跳步多用在削球的情况，当运动员回应左方的来球时则需要先用右脚来蹬地，然后左脚离地，最后右脚先着地，在接右方来球时脚的方向与左方来球相反，除此之外，还有不需要跳步的时候，在这时就需要运用并步，并步就是不需要跳跃起来，比跳步稳定许多。

（5）侧身步

除了以上四种步伐之外，还有一种侧身步，这个是乒乓运动中运动员常用的动作，具体来说就是左推右攻，当球距离身体较远的时候，运动员不用向侧面移动很多位置，只需要将一只脚作为轴，向侧面大跨一步。

（三）握拍方法

1.直式握拍法

（1）攻球的握拍法

拍前以食指第二指节和拇指中段扣拍；拍后三指弯曲贴于拍 1/3 的上端。这种握拍法简称中钳式（图 5-1、5-2）。

图 5-1 中钳式握拍法（一）　　图 5-2 中钳式握拍法（二）

（2）削球的握拍法

大拇指弯曲，紧贴拍柄的左侧，用力下压，其余四指自然分开托住拍的后面。正手削球时，尽量使球拍后倾，减少来球冲击力；反手削球时，后面四指灵活地把球拍兜起，使拍柄向下。

2. 横式握拍法

1970 年以前，横式握拍法中大多是防守型的握拍方式，而且很多削球的运动员总是采用深握法进行打球，但是随着时代的进步、科技的发展，运用浅握的方式横着握拍已经变得十分普遍。

（1）基本握拍法

基本握拍的正确姿势就是用中指、无名指和小指这三根手指自然握住球拍，然后拇指轻轻的贴于中指旁边，食指自然贴于球拍的背面，浅握时需要手的虎口位置轻轻贴拍，深握时虎口位置深深贴拍。

（2）横式握拍法的关键点

正面进攻打球的时候，食指需要压乒乓球拍，然后将拇指的第一个关节作为支点，用中指协调控制球拍传递的力量，用手指向中间移动，从而让压拍的重力点与球拍更为接近。当进行反手进攻打球的时候，可以用食指根部的关节作为支点，然后再运用拇指压迫球拍传递球的力量，与此同时，也可以让拇指向上移动然后在正面去接触球点。但是我们需要注意的是，在握拍子的时候要避免将球拍握得过紧，因为握得过紧容易让力量向外传递的不够准确，进而影响发球与接球的准确性。

（四）发球与接发球

1. 发球

在比赛的过程中我们可以发现，发球者在比赛中占有主动权，发球的这一环节与能否得分这局能否获胜有十分密切的联系。所以，运动员在进行比赛的时候，获得发球权时需要发出不同速度、复杂落点的球，向对手发出挑战，让自己占据优势，当自己不是发球者时就需要在比赛时积极抢球，与对手进行拉扯，以此来打乱对方的意图，让自己在比赛中获得主动权。因此，我们可以了解到在比赛的过程中发球技术好，可以为进攻创造机会，让自己更加容易地获得比赛的胜利。通过对发球进行研究我们可以发现，发球的动作主要是由两个动作组成，这两个动作分别是抛球与击球，具体来说，抛球是发球的前提，只有将球抛起后才可以进行击球，而且击球可以控制球的走向。

（1）正手发下旋球与不转球

这种发球的威力在于转与不转球的旋转差距大，动作相似难辨认。

发球时让球强烈旋转，可以让撞击球的力量与摩擦球的力量融为一体，当球接触的部位为中下部位时，我们可以通过球拍左面的位置拍击球；当我们发球时，球是不旋转的球时，我们可以通过球拍偏右的位置接触球。

（2）侧身正手高抛抖动式发球

侧身高抛抖动式发球，是我国发明的一项独有的乒乓球技术，这项发球动作有十分明显的特点，具体来说就是将球高高抛起，一般可以达到2~3米的距离，这样就可以在球拍击球的时候，对球拍产生正压力，这样就可以让球发出得又快又急，这样与低角度发出的球有明显的不同。

运用高角度抛球时，我们需要注意的是球在空中旋转、落点、飞行速度的变化，并且自己要及时的根据这些变化进行改变，从而达到为自己服务的目的，让自己发球的技术更高。

随着时代的发展，我们发现现在的抛球姿势的幅度太过于小，但是速度较快，所以球在过了网之后拐弯的程度与原先相比较弱，但是改进之后的威力更大了。

①站位：左脚稍前、右脚稍后，两脚与肩同宽，身体与球台端线呈45度角左右甚至更小，避免身体碰到球。

②抛球：抛球是发好球的一个重要环节，如果抛球抛不到位就不会发出一个高质量的球，因此，运动员在进行比赛的时候要努力提高自己的抛球质量，从而让自己在发球环节就能抢占先机。具体来说，发出的球要高且直，注意抛球的姿势身体要收腹、腰和腿要顺势向上挺直，手腕放松手掌向上。

③挥拍击球：在打乒乓球时，最主要的动作就是挥动乒乓球拍击打乒乓球，整个动作都是在从右向左进行一个弧形的运动，然后再接一个向右前方的抖动。当球拍从右向左挥动时触球，为左侧上、下旋，具体侧上与侧下动作之别同低抛发球。当球拍从左向右前方抖动时触球，为右侧旋；若球拍多向前挥动，少向侧摩擦、多向前摩擦，则为直线击球。直握拍者发右侧旋时，拇指稍用力。

（3）正手奔球

整个动作简单来说就是先从后面侧绕一个小圈，然后手腕放松，用球拍中部的右上方进行摩擦，这样球就会速度过快，在过网的时候产生拐弯飞行的现象。

发球的时候，手腕一定要下垂并放松，这样手腕才能很好地发挥作用。

这样球才可以发到右上角与中间靠左的位置，这样球就可以在过网的时候拐弯然后正中对方的中路，从而更能威胁对手。

2. 接发球

在实际比赛的过程中，运动员可以将主动权与被动权进行转换，但是要求运动员的心理素质要稳定，同时反应要快，尽量在第一回合的时候就将主动权掌握在自己的手中，这样不仅可以让对手处于被动的状态，同时也可以让自己的自信心得到提升，从而让自己在比赛的过程中占据有利位置。

接球与发球是有基本手法的，具体来说是由点、削、拨、带、拉、攻、推、搓等多种动作组合而成并进行综合运用的。所以，要想接球与发球的动作技术提高，就需要将这几项动作进行很好地结合与综合运用。

但是运用哪一种接球的方法并不是自己想当然决定的，而是根据对手发球后对球的旋转、速度及落点等因素进行判断决定的。另外接球也是有技巧的，在站位方面，运动员应该选择站在乒乓球台的左边位置，与乒乓球台的距离是根据球的落点而定。那么在对球的判断方面，运动员需要快速判断对手挥动球拍的速度与方向，从而准确判断出球的旋转性能与落点方向，进而快速准确地接球与发球。

（1）回接对方左侧下旋球

在比赛过程中，会有接对方左侧下旋球的情况，这时球会触碰到球拍的右下方，所以要想接好这个球就可以采用推、挤等方法，那么搓球具体来说就是在接球的时候球拍应该稍微向后仰，同时稍微向左偏斜来抵消来球的左侧旋；如果想用进攻的方式接球，那就需要球拍在接触球的时候向前摩擦球。

（2）回接对方左侧上旋球

比赛过程中接对方左侧上旋球的时候，一般情况下球会在接触拍子的时候向运动员的右上方弹出，所以接这种球一般都是运用推和攻这两种方法，具体来说就是在用球拍去接触球的左上部分，然后适当下压以此来抵消球的左侧旋转的速度；与此同时，还要调整好球拍的方向，总体来说就是用对手挥拍相反的方向进行回接，从而抵消侧面的旋转，进而更好地接球。

（3）接对方右侧下旋球

在接这种球的时候，球会向左侧方向弹出，所以运动员在接球的时候可以将球拍向右偏斜，同时采用搓、拉、点的方法进行接球。

（4）回接对方右侧上旋球

在接这种球的时候，球在接触球拍后会出现球向运动员的左侧方向弹出的情况，所以，球拍可以向右偏斜进行回接，具体来说就是根据球旋转的速度进行判断，让球拍拍击球的中上部位。

（5）回接对方低（高）抛发的急下旋球

在接高抛球或者低抛球的急下旋球时，我们可以运用推、攻等方式进行回接。具体来说，在用推的时候可以将球拍向后仰，然后用球拍压球；用下旋推挡直接切球中下部，用前臂和手腕力量向前上方力摩擦球。用攻球的方式进行回接时，运动员应注意适当向上用力提拉，然后及时调整球拍倾斜的角度。

（五）推挡球

推挡球包括平挡、快推、加力推、推挤、推下旋、减力挡等。推挡球可以有效地控制来球的速度与来球的落点以及来球的稳定性。所以，这项技术是乒乓球运动员必学的一项技术，也是初学者必须要打好的一项基础。

1. 快推

快推在推挡的动作中是一项最基本的动作，这个动作具有速度快与命中率高的特点，因此要想完全掌握推挡这项运动，快推是一个必不可少掌握的运动技术。

快推的具体动作就是身体靠近乒乓球台，左脚要微微向前，下肢动作中，两只脚之间的距离要与肩宽，也可以略宽于肩，同时重心应该在前脚掌之上，上肢动作中，运动员的手臂需要靠近身体，然后重心应该稍微高一些。挥拍的时候，我们应该注意球拍与球应该是 25 厘米左右的距离，球拍与台面垂直，球拍与球同高。球刚弹起，上臂带动前臂向前迎球，在球起来时，可以借助球的力量用前臂将球推出。

2. 加力推

加力推经常使用在助攻的时候，运用时主要表现是推球的力量很重。发出球的速度很快，同时落点会出现很多的变化，这样可以让对手离开乒乓球台，对方处于被动的状态，如果能够将加推力与减力相结合，发球效果会更好。

对加推力这个发球动作进行观察我们就会发现加力推的动作幅度要大。在用球拍拍击球的时候，我们要注意球与球拍应该保持 30~40 厘米的距离，当球处于上升的时候，用球拍击球，在球拍触球的那一瞬间，前臂同时向前推，手腕向前进行弹击，但是我们还要善于运用身体的力量，保持推球时的稳定性。

3. 下旋推挡

下旋推挡发出的球，球速很快，球的速度也很急，同时还带有下旋。这样发出的球，很容易让对手感到措手不及，让其产生失误，让自己处于比赛当中的优势地位。

下旋推挡发球的具体动作是将球拍的高度要稍微的比球高一些，然后球拍要稍微的向后仰。在球处于最高点的时候，球拍要击打球的中下部同时要注意运用身体的前臂来进行发力，这样球的弧线将是一个低且下沉的状态。但是需要注意的是，当用手腕进行触球的时候，手腕一定不要转动。

4. 减力挡

减力挡在运动中经常与加力推结合使用，这项动作技术有力量轻与落点短的特点，可以应对擅长使用加转弧圈球与两面攻的对手。

在使用这项技术的时候，要注意我们没有必要在挥拍的时候向后撤退。运动员可以运用前臂来调整球拍位置，这样就可以在球还没有落到球台上的时候就已经将球接住。在球弹起来的时候，球拍要轻轻触球，来缓冲来球的弹力，让球回落到离网点近的地方。

（六）攻球

乒乓球的攻球技术分为正手攻球、反手攻球、侧身正手攻球三大类。每种技术中又分为快攻、快点、快带、快拨、快拉、突击、扣杀、杀高攻、中远攻等各种技术。每种技术的特点不同，所起的作用也不同。

1. 正手快攻

特点：具有站位近、动作小、速度快的特点，是中国快攻打法运动员最基本的技术，也是平时主要训练的技术。

动作要点：

（1）引拍动作（以右手执拍为例，下同）

两脚比肩略宽，两膝微屈，左脚稍前，身体略右转，重心在右脚。前臂在身体的带动下横摆，引拍适度，身体与手臂形成 35 度 ~40 度的夹角；前臂要自然放松弯曲，肘关节之间的角度要保持在 120 度左右，球拍与乒乓球的台面要保持垂直与稍微前倾的状态，另外，我们还要注意手腕应该也是在自然放松的状态，不要让球拍处于过于上翘或者过于向下吊的状态。

（2）击球动作

当球在离自己的距离较近的时候我们应该用右脚稍微用力蹬地，然后身体稍微向左转，用前臂的力量来迎接对方的来球；其次在接触球的时候我们要注意将前臂的力量进行收缩，将球向前打，让球与球拍之间略带一些摩擦；再次，在击球时要注意用手腕进行辅助发力，在球向上的时候要击中球的中上部，同时我们还要注意接触球的时候球拍的角度，最后用中指与无名指来控制力度，如果是横着握拍，那就应该靠食指来调节力度，控制球的弧线。

（3）结束动作

球只有将球拍挥到左侧的时候才能将球打出，这时我们就会发现身体的重心已经到达左脚，身体原本保持的状态已经发生改变，因此在回击对手之后运动员要快速的将身体调整到位，让自己的注意力快速回到球上来。

2. 正手快点

特点：正手快点是用于攻击台内小球的技术。来球从本方台面弹起后，第二跳仍未出球台端线，称为台内小球。比赛中，为限制对方的进攻，常用小球来控制对方，因此，掌握好快点技术可以获得更多的主动。动作小、速度快、线路活是正手快点的特点，它是进攻型选手必须掌握好的一项技术。

动作要点包括以下几个方面：

上身、右脚和前臂在同一时间内到达球台右前方，上身靠近球台，前臂伸进台内，举拍稍高；将击球时，手腕配合前臂先向后有一小引拍动作，再向前上方挥动，将球击出。一般应击球的最高点。注意依来球旋转及高低，调节好拍形和动作，以制造合理的弧线。手腕动作尤为重要。

来球下旋强烈，拍形可稍后仰，略向下引拍，触球中下部；来球上旋或不转，拍形稍前倾，触球中上部，多向前用力。

整个击球动作，基本是在前脚掌着地的同时完成的。前脚掌着地后，应立即蹬地使身体后退还原，准备下次击球。

来球越偏球台右方，右脚向右跨出的步子越大；来球位于中路时，左脚可向左前方移动一步。还击中路小球时，除用上述"点"的方法外，还可"撇"一板。即在球弹起时，右手随左脚和身体迅速伸进台内，球拍稍下调，前臂和手腕协调用力，球拍从右向左前方摩擦球的中部，将球"撇"向对方左半台。击球时间一般为下降前期或高点期。

3. 正手快拉

特点：正手快拉是快攻运动员对付削球的技术，具有速度较快、动作较小、线路较活、与突击动作较接近的特点。

动作要点：引拍时，身体重心稍下降，球拍略低于来球，触球中部（若来球下旋强烈，可触球中下部），击球时间为下降前期，整个动作以向上为主，触球瞬间有一向上摩擦球的动作。

4. 正手突击

特点：具有速度快、突然性强、有一定力量的特点。

动作要点：

视来球高低和下旋力的强弱，决定拍形和用力方向。来球下旋强烈，拍形可稍后仰，触球中下部，在向前打球的同时，多向上用力摩擦球；来球稍带下旋，拍形可与台面垂直，触球中部，向前上方用力；来球不转，拍形可稍前倾，触球中部稍偏上，用力方向以向前为主。

来球不转或下旋不强，击球时间为上升后期，以借助对方来球的前进力；来球下旋较强，击球时间为高点期。

在腿、腰、髋和上臂协调发力的基础上，以前臂发力为主，触球瞬间一定要有爆发力。手腕除辅助发力外，还有一摩擦球动作，以利制造弧线和控制落点。

发力一般宜掌握在 50%~70%。来球低且下旋强烈，用 50% 的力量即可；来球稍高或下旋力不强，可适当加大力量。

（七）搓球

搓球是近台还击下旋球的一种基本技术。比赛中经常用它为拉弧圈球创造条件。它与攻球结合可形成反攻战术。搓球可用于接发球，必要时用它作为过渡。

1. 快搓

特点：动作幅度较小，回球速度较快，能借助来球的前进力去回击。它是应对削球和搓球的一种方法。

动作方法：右脚稍前，身体靠近球台。来球在身体左侧时，可运用反手搓球。击球时，前臂迅速前伸，上臂跟随向前，拍形稍后仰，利用上臂前送力量，在上升期击球中下部；来球在身体右侧，可以运用正手搓球。搓球时，身体稍向右转，手臂向右前上引拍，然后前臂和手腕向前下方用力，在上升期击球中下部。

2. 慢搓

特点：动作幅度较大，回球速度稍慢。旋转变化运用得好，可以为进攻创造条件或直接得分。

动作方法：反手慢搓的站位是右脚稍前，身体离球台约 50 厘米，持拍手向左引拍。击球时，前臂和手腕向前下方用力，同时配合内旋转腕的动作，拍形后仰，在下降期后段击球中下部；击球后，球拍随势前送。横拍搓球时，拍形略竖一些，击球后前臂向右下方挥摆。击球时间、部位和拍形，与直拍基本相同。

正手慢搓的站位是左脚稍前，身体稍向右转。击球前，手臂向右上方引拍，然后前臂和手腕向左前下方用力搓球，在下降期击球中下部。

3. 搓转与不转球

快搓和慢搓均能搓加转球与不转球，它主要决定于作用力是否通过球心。搓球时力量大，切球薄，旋转力就强。作用力通过球心则不转。搓加转球时，前臂与手腕加速向前方用力，切球的中下部，用球拍的靠下部分触球以利于摩擦球。搓不转球和搓转球的动作相似，但前臂和手腕要多向前上方用力，用球拍的靠上部分或中间部分碰球，形成相对的不转。

对搓时回球的性能有三种：

甲方搓加转球，乙方搓不转球或搓球下旋力小于甲方，则乙方回过去的球呈上旋。

甲方搓不转球，乙方搓加转球，则乙方回过去的球呈下旋。

双方搓球旋转力基本相等时，来球成不转的飘球。

4. 摆短

摆短是 20 世纪 70 年代后用来对付近网下旋或侧下旋球的一项搓球技术。具有速度快、落点短（球过网不大向前走）和弧线低的特点，限制对方抢拉或抢攻颇具效果。

站位近台、重心前移，臂伸前，上升前、中期击球。

拍形较后仰，触球中下部。动作幅度很小，手腕在摩擦球时还有一定的减力动作。

（八）弧圈球

弧圈球是以旋转为主要特征的进攻性技术，它弧线曲度大，落台后前冲力大，攻击力强，是乒乓球比赛中进攻得分的主要手段。

弧圈球技术可分为正手弧圈球技术和反手弧圈球技术。根据弧圈球技术的旋转特征，可将弧圈球技术分为加转弧圈球、前冲弧圈球和侧旋弧圈球。

1. 正手拉弧圈球

特点：站位稍远，动作大，速度稍慢，弧线曲度大、落台后前冲并向下滑落。一般用于拉下旋球。

动作要领：两脚左右开立，稍大于攻球时距离，右脚在后，身体重心较低。执拍手沉肩垂臂，引拍至身体后下方，拍面稍前倾，身体重心移至右脚。大臂带动前臂向前上方挥拍，逐渐加快挥拍速度。根据来球旋转程度控制好拍形角度并找准击球时间。身体重心向左脚移动。拍触球时，右脚蹬地转体向左侧转动，迅速收缩前臂，发力要以腰、手为主，在来球下降期击球的中部或中上部。拉球后，球拍随势挥至头部高度，身体重心移至左脚上。

2. 反手拉弧圈球

特点：动作小、突然性强、具有一定的攻击力，是主动上手的有效技术。

动作要领：两脚平行或左脚稍后，准备击球时，身体重心下降，右肩下沉，球拍向下后方引至大腿内侧，球拍适当前倾，肘关节略向前顶出，持拍手要适当放松，手腕稍外展。球拍向上前方挥动，击球点在腹前方，触球时，身体向前方顶起，前臂以肘关节为轴，快速发力带动手腕的扭动发力。摩擦球的中下部，拉球的高点，迅速还原。

（九）削球

削球包含正削与反削这两个方面，但是如果从基本打法这两个方面来看我们就会发现，其中还包含削追身球、扑救网前球与不转球等，下面我们将着重介绍正向削球与反向削球这两个技巧：

1. 正手削球

正手削球共分为远削与近削，具体来说正手远削就是将左脚与左肩靠近乒乓球台的右侧位置，然后身体与乒乓球台保持 75 度的夹角，身体的重心放在右脚上，然后手臂自然弯曲，手中拿着球拍，注意球拍的高度要比球跳起来的高度要高一些，同时球拍的手柄应该向下。当出现球飞到自己身体前侧的时候可以快速将球拍向左下方向进行摆动，然后上身向乒乓球台转去，从而准备继续削对手发来的球。

对于正手近削，具体来说，标准的动作就是要将自己身体的距离与乒乓球台保持在大约 50 厘米，两者之间的夹角保持在 45 度左右。另外，我们还要注意的是近削的力度一定要比远削的力度大，这样才能让球旋转的速度变得很快。

2. 反手削球

反手削球与正手削球一样分为远削与近削，在进行反手远削的时候，运动员要注意，右脚应伸出球台左边，左脚在右，重心落在右脚上，背斜对球台。对于上肢动作，我们应该将小臂进行自然弯曲，把球举到与头一般高，乒乓球拍的手柄应该向下，球拍的面要与对方的左角保持正对的方向。当球已经削出后，运动员的手臂肌肉自然放松，上肢身体要顺便向右移动，重心从右脚转移到左脚，右脚向后退，恢复到准备时的姿势。

对于反手近削，我们通过观察就可以发现，大臂会因为身体的阻碍无法对削球有更大的帮助，因此，我们可以靠小臂与手腕来完成这项动作，而且还发现反手要比正手的速度快很多。

三、乒乓球运动基本战术训练方法

（一）发球抢攻战术

发球抢攻战术是一项在比赛当中让自己力争主动权与先发制人的主要战术，也是中国进行直板快攻的重要方法手段。不管是哪种打法运动员是都是想让自己抢占比赛当中的有利位置，通过研究我们可以发现要想很好的运用这一战术主要就是靠运动员发球的质量与在进行过第三板时向对手进攻的能力。另外，我们还发现，发球强攻战术拥有不同的打法。其中常用的打法主要包含以下五种：

正手发转与不转。侧身正手（高抛或低抛）发左侧上（下）旋球。反手发急球或急下旋球。反手发右侧上（下）旋球。下蹲式发球。

（二）接发球战术

通过对乒乓球比赛的研究我们发现，接球发球的战术也能充分的体现出运动员在实际作战当中的能力以及应对各种情况的反应能力，所以接球发球能力与抢攻战术是一样重要的。虽然在比赛中我们可以看到运动员这时是处于被控制的状态，但是这种状态只是暂时的，当在接球与发球的过程中将对手的意图与想法进行破坏时，运动员就脱离了对手的控制，就有机会让自己处于主动的位置，由此，我们可以发现，控制与主动就是辩证与统一的关系。接发球的战术主要包含以下五种：

稳健保守法。

接发球抢攻。

控制接发球的落点。

盯住对方的弱点处，寻找突破口。

正手侧身接发球。

（三）搓攻战术

搓攻战术简单来说就是对进攻打法的辅助，而且是进攻辅助打法当中的一个重要的组成部分，经常在基层的比赛当中进行运用，具体来说就是用搓球让球的落点发生变化，这样就可以为自己进攻创造机会，一般常用的搓球战术主要包含以下六种：

慢搓与快搓结合。

转与不转结合。

搓球控制落点。

搓球变线。

搓中突击。

搓中变推或抢攻。

（四）对攻战术

对攻战术是一项最常用的打法战术，经常使用在相持阶段。这种战术的打法主要是反手的攻球与推挡以及正手的攻球与推挡。这样就可以将对手充分的调动起来，让运动员自己处于主动的状态，经过研究发现，常用的战术有以下七种：

在比赛的时候逼迫形成反手，然后运动员可以趁机形成抢攻与抢拉。

压左突右。

调右压左。

攻两大角。

攻追身球。

变化击球节奏，加力推和减力挡结合，发力攻、拉与轻打轻拉结合，也可造成对手的被动局面。

改变球的旋转性质，如加力推后、推下旋；正手攻球后，退至中远台削一板，对方往往来不及反应，可直接得分或创造机会球。

（五）弧圈球战术

弧圈球是将球的速度与旋转很好的结合起来，拥有稳健与适应性强的特点，在现在有很多的选手在比赛中运用此种方法来代替原来传统的扣杀方法，进行观察与研究我们发现，这种方法主要包含以下三种：

发球抢攻。

接发球果断上手。

相持中的战术运用。

（六）拉攻战术

除了以上之外，还有拉攻战术，在比赛当中运用拉攻战术的主要目的就是为了削弱对手打来的削球。要想在赛场上发挥出拉的效果就需要对球的线路、落点等方面进行变化，在拉的过程中对对手进行突击进攻，让对手处于被动的状态，让自己在比赛中处于优势地位。研究发现，拉攻战术中最主要的打法包含以下六种：

拉反手后，侧身突击斜线或中路追身球。

拉中路杀两角或拉两角杀中路。

拉一角或杀另一角。

拉吊结合，伺机突击。

拉搓结合。

稳拉为主，伺机突击。

（七）削中反攻战术

削中反攻要做到的主要目的就是通过自己稳定的削球将技术将对手对自己的攻击进行削弱，与此同时，自己找机会对对手发起进攻。由此，我们可以发现这种战术不仅让削球的效果发挥的更好，而且还让自己的进攻变得更加的积极。一般情况下，常用的战术包含以下五种：

削转与不转球，伺机反攻。

削长短球，伺机反攻。

逼两大角，伺机反攻。

交叉削两大角，突击对方弱点。

削、挡、攻结合，伺机强攻。

四、乒乓球运动体能训练方法

（一）乒乓球运动力量素质训练方法

1.发展上肢力量的练习

俯卧撑、仰卧撑推地击掌；单杠引体向上、双杠双臂屈伸；卧推杠铃、哑铃操、单手或双手投实心球等练习内容，取本人极限量的 40%~70% 量进行练习。

2. 发展躯干力量的练习

仰卧起坐、仰卧抱头起、仰卧起坐接转体、侧卧抱头起、双人仰卧抗阻屈伸腿、坐姿头上双手传实心球、坐姿转体传实心球等练习内容，取本人极限量的 40%~70% 进行练习。

3. 发展下肢力量的练习

负重提踵、负重半蹲、负重半蹲起、单足蹲起、单足跳、双足跳、蹲跳、双人挎背蹲起、沙坑接球、跳台阶等练习内容，取本人极限量的 40%~70% 进行练习。

（二）乒乓球速度素质训练方法

1. 原地高抬腿跑

可选择 30 秒或 1 分钟为一组。采用计时计数或比赛的方法。

2. 加速跑

可选择 30 米、60 米或 100 米的距离。采用计时的方法。

3. 折回跑

可选择 20 米或 30 米距离。采用计次计时的方法。

4. 接力跑

可选择 30 米或 60 米的距离进行接力跑或迎面接力跑，采用计时或分组比赛的方法。

5. 跑台阶

可选择 15~30 个阶梯，进行计次计时跑台阶或采用比赛的方法。

6. 上下坡跑

可选择 20 米、30 米或 60 米的距离进行上下坡跑，采用计次计时或比赛的方法。

7. 双摇或高抬腿跳绳

可选择 20 秒；30 秒或 1 分钟为一组，采用计时计数或比赛的方法。

（三）乒乓球耐力素质训练方法

1. 长跑

1500 米、3000 米、5000 米或 10000 米，采用计时的方法进行练习。

2. 越野跑

选择 12 秒或 15 秒的越野跑。

3. 变速跑

选择 800 米、1500 米、2000 米的距离，采用 50 米加速加 50 米慢速或 30 米加速加 30 米慢速的方式进行练习。

4. 跳绳

选择在 1 分钟、2 分钟、3 分钟、5 分钟、10 分钟的单位时间内，采用多种跳绳的方式进行练习，计数。

5. 往返跑

选择 20 米或 30 米的距离，采用 30 米 ×10 或 20 米 ×15 的方式进行练习，计时。

（四）乒乓球运动柔韧素质训练方法

1. 单人徒手练习

采用前屈、身后屈、体侧屈、体转、持棒转肩，腕、肘、肩、膝、踝关节绕环、蹲撑侧压腿等练习。

2. 双人徒手练习

采用两人背对背的形式进行体前屈、体后屈、侧向弓箭步等练习；亦可采用两人面对面的形式进行屈体压肩，坐姿（分腿互顶）交替前后屈等练习。

3. 器械练习

采用肋木、棍棒、小哑铃等器械进行压腿、摆腿、踢腿、压肩、转肩、向前弓箭步及腕、肘、肩、髋、膝、踝等关节的绕环练习，提高身体各部位肌肉韧带及关节的灵活性。

（五）乒乓球灵敏素质训练方法

1. 变换方向跑

30 秒或 1 分钟为一组，采用看或听信号（如手势、数字、指令）的方式做各种变换方向跑。

2. 变向滑步

30 秒或 1 分钟为一组，采用看或听信号的方式做各种变向滑步。

3. 蛇行穿梭跑

采用计时或分组比赛的方法进行蛇行穿梭跑。

4. 花样跳绳

采用看或听信号方式进行各种跳绳练习，如单摇跳、双摇跳、单足跳、双足跳、双臂交叉摇跳、向前或向后摇跳、单人跳、双人跳、多人跳等。

5. 各种姿势起跑练习

准备起跑时，采用下蹲、背向等姿势，听到指令后迅速起跑。

6. 一对一紧逼与摆脱游戏

两人一组，一方进行前后左右移动，另一方同样进行前后左右移动紧逼。

第三节　羽毛球技术、战术和体能的训练

一、羽毛球运动的起源

羽毛球运动从产生、演变并发展到现今，经历了漫长的过程。关于羽毛球运动的确切起源至今仍是众说纷纭，但羽毛球运动是由古代的毽子球游戏逐渐演变而来的观点是人们普遍认可的。可以说，羽毛球运动起源于民间体育活动。据考证，很早以前，原始的羽毛球游戏活动就在中国、日本、印度、泰国等国出现并流行了。虽然，由于国家、民族、地域及语言的差异，对这种游戏的叫法也各不相同，但其形式和活动的性质则大体是一致的。如法国称"羽毛球"（Feather ball），英国、瑞典、丹麦等国称"毽子板球"（Battledore and Shuttlecock），印度称"普那"（Poona）。这就是现代类型羽毛球运动名称的前身。其中，相传原始的羽毛球游戏至少出现在两千年前，有文字记载是在 14 世纪至 15 世纪的日本。由于当时的制作技术适应不了人们的需求，这种类似羽毛球的运动渐渐地消失了。

对羽毛球运动进行追溯我们可以发现在 19 世纪 50 年代的印度出现了一种用球形的硬纸板插上羽毛做成的球，人们用木质的球拍轮流的在空中击出，这项运动与现在的羽毛球运动十分相似。当时这项运动在英国驻印度部队当中十分的流行。

现代羽毛球运动起源于英国。相传在 1873 年，英国格那斯哥郡的伯明顿镇（Bad minton City）鲍费特公爵家招待客人，由天气不佳，户外活动只能改在室内进行。有几个从印度回来的退役军官提议玩普那游戏来消磨时光，当时这个比赛打得十分的热闹。这种游戏引发了客人的兴趣，他们把它带回各地。于是，羽毛球作为一种高雅的娱乐性活动迅速传遍英国。伯明顿庄园成为现代羽毛球运动的发源地，所以人们为了纪念这项运动将这个运动起名为伯明顿，由此伯明顿这个名字就被当作羽毛球的英语名流传世界。

世界上第一步关于羽毛球比赛的规则是在 1873 年印度的普那制定而成的，因此也被称之为"普那规则"。1886 年英国将这一规则进行完善，1893 年在英国成立了世界上第一个羽毛球协会，在 1899 年，英国正式举办第一个羽毛球比赛，并且这个比赛延续至今，对世界的球类运动造成十分广泛的影响。

二、羽毛球运动技术训练方法

（一）握拍法

握拍法是初学者首先要掌握的羽毛球基本技术之一，正确的握拍方法是掌握合理、准确、全面的击发球技术的前提条件，如果握拍手法不正确，就会影响运动员羽毛球运动技术水平的提高。握拍法有正手握拍与反手握拍两种。但是在实际运用当中我们需要注意的是，握拍的方式不是一成不变的，而是可以根据球的落点等方面的实际情况进行细微的调整。

1. 正手握拍法

正手握拍法经常使用在击在自己正上方的球。动作要点具体来说就是先用左手握住球拍的中杆，使拍框与地面垂直。张开右手，使虎口对准拍柄斜棱上的第二条棱线（此时眼睛从左至右可同时看见 4 条棱线），然后用近似握手的方法握住拍柄，拇指和食指贴在拍柄两侧的宽面上，其余的三指自然握住拍柄下部，五指与拍柄呈斜形，掌心空出。

2. 反手握拍法

反手握拍一般情况下用于球在运动员自己左侧的时候。这个方法的动作要点具体来说就是在正手握拍的基础上，将球拍柄稍向外旋，拇指稍向上提，拇指指腹顶贴在拍柄第一斜棱旁的宽面上，也可将大拇指放在第一二斜棱之间的小窄面上，食指稍向下靠，下三指放松。反手握拍击球时，靠食指以后的三指紧握拍柄，同时拇指前顶发力击球，掌心稍空出。

对于这两种握拍的方法我们需要注意的是，在握拍时一定要让手掌与球拍之间留有空隙，这样才能更加方便地使出力气去击打球。

（二）发球与接发球

1.发球

发球是组织进攻的第一步，依据发球的姿势，发球可分为正手发球和反手发球。一般情况下，单打中多采用正手发球，而反手发球则常用在双打中。从球飞行的角度与距离来看，发出的球的飞行方式共分为四种，分别是后场高远球、后场平高球、后场平快球以及网前球。

（1）正手发球

正手发球的运动员的站位应该是在单人打球时所站在的中线的位置附近，距离大概是1米左右。如果是两人双打，那么正手发球所站的位置是在靠近发球线的位置上。

准备姿势：身体左肩侧对球网，左脚在前，右脚在后，重心在右脚上。右手持拍向右后侧举起，肘部放松微屈，左手拇指、食指和中指夹住球，举在胸腹间。发球时，身体重心由右脚移至左脚。此发球站位和准备姿势适用于各种正手发球动作。

正手发球在羽毛球这项运动当中使用很普遍正手发球主要包含以下四种：

①正手发网前球。动作方法：正手发网前球时站位稍靠前。握拍尽量放松，上臂动作要小，重心在左脚上，右脚跟提起。击球时，由前臂带动手腕使拍面从右向左斜切击球，控制用力，使球刚好贴网而过，落在对方前发球线附近。击球后，还原成准备姿势。

②正手发后场平高球。正手发后场平高球的站位与准备发球的姿势与发高远球的方式基本相同，稍微有些不同的地方是平高球是通过前臂来带动手腕来发力，球拍在击打球的时候是朝向前面与上面的，除此之外，动作幅度也要比高远球的

动作幅度小。

③正手发后场平快球。动作方法：站位稍靠后些（以防对手迅速回球到本方后场），击球时要充分利用前臂带动手腕的爆发力快速向前方击球，使球从对方肩稍高处越过，迅速插入对方反手后场或空当处。击球后，收拍到胸前回动至中心位置。

④正手发后场高远球。动作方法：发球时，左手持球，自然弯曲置于胸前，右手持拍向右后上方摆起，身体重心前移，右脚跟提起，身体放松。左手放球使其下落，在右臂向前上方挥动的同时，右脚蹬地，腰腹向正前方转动。使下落的球与拍面在身体右侧前下方的交叉点碰触，球触拍面的中上部。击球瞬间，握紧球拍，闪动手腕，向前上方鞭打击球，在击球的同时，手臂随击球后的惯性自然往左肩上方挥起，身体重心也由右脚移至左脚。击球后，重心下沉，微屈双膝，随时准备回击对方的来球。

（2）反手发球

对于反手发球的运动员，一般是站前发球线的10~50厘米。姿势一般是身体面向球网，双脚前后站立，然后上体稍微向前倾斜重心在前脚上，球在球拍的拍面的前面，同时两者之间还保持平行的状态。

①反手发网前球。反手发网前球主要是运用小臂带动手腕进行发力，球拍从后向前将球推送出，球拍从侧面对球进行削击，这样球就可以在刚刚过网之后就快速下落。

②反手发平球。反手发平球球拍挥动的方向与反手发网前球基本一样，但是需要注意的是这个球拍的拍面要有"反压"这个动作。

2.接发球

接发球是羽毛球运动员选手需要掌握的一项最基本的技能，简单来说就是运动员不仅要学会接住对手发来的球同时还要会向对手发球，因此，在比赛当中具有十分重要的作用。具体来说，运动员可以通过发球来控制对手，同时也可以通过接球再发球来摆脱对手对自己的控制。

（1）站位

约站在距离发球线1.5米左右的地方。与此同时还要尽量站在有效发球中心靠中间的位置上，这样就可以照顾到前后发来的球。

（2）准备姿势

左脚在前，全脚掌着地。右脚在后，前脚掌触地。双膝稍微弯曲，身体重心在左脚上。右手持拍自然举放在胸前，左手自然屈肘于左侧，保持身体平衡，两眼注视前方，判断对方的发球方向准备接发球。

（3）接发来球

在单打比赛中多采用发高远球或平高球，可以用吊球、杀球或平高球还击。当对方发平快球时，可采用平高球、平推球、劈吊、劈杀还击，以快制快，掌握主动。也可用高远球还击，充分做好再次还击的准备，要加强预判能力，不能仓促击球，只要回球质量稍差，就可能遭受反击；当对方发网前球时，可用平高球、挑高球、放网前球、平推球还击，有机会还可以用扑球还击。发球抢攻是最常用的战术，要及早发现对方的意图，避强就弱，准确及时地应用放网和平推球还击，落点尽量远离对方的站位，限制对方进攻。遇到对方连续发球抢攻时，接发球一定要沉着、冷静，控制住球，尽可能减少让对方抢攻的机会。

（三）击球技术

1.前场击球技术

在前场进行击球也是羽毛球比赛中一种比较重要的技术方法。这种方法可以有效地让对手处于被动的地位，这样运动员自己就可以变得更加主动从而调动对手。

（1）放网前球

正手放网前球动作方法：侧身对右边网前，右脚向右侧前方大跨一步呈弓步。正手握拍，球拍向右前上方斜举。击球时，右臂自然后伸，手腕稍后伸，小臂稍外旋，手腕由后伸至稍内收转动，右手轻松握拍，食指和拇指夹住球拍，在手腕和手指的控制下，轻击球托底部将球轻送过网。击球后，还原成下次击球前的准备姿势。

反手放网前球动作方法：击球前的动作与正手基本一样，但是在转体方面不太一样，反手是先向左前场转体，右肩对网，反手握拍，反拍迎球。在击球的时候运动员是将前臂向前伸，通过轻轻的力量将球推送过网。之后，快速返回到原来的准备姿势。

（2）推球

推球拥有击球动作小、球点高，发力距离小、短的特点，所以球的落点变化很多，因此这项技术不管是羽毛球比赛当中的单人比赛还是双人比赛使用频率都是十分频繁的。

正手推球动作方法：移动到位，球拍向右侧平举。推球前，前臂稍外旋，手腕后伸同时球拍也稍往后摆，拍面对准来球。这时小指与无名指稍松开，使拍柄离开手掌，这样能充分发挥手指的力量。推球时，拍面尽力后仰，手腕由后伸直并且闪腕，食指向前压下，小指、无名指突然握紧拍柄，球拍快速地由右经前向左挥动。推球后，在回动过程中回收球拍于胸前。

反手推球动作方法：移动至网前左侧，反手握拍，臂侧上举。推球前，臂向左胸前收引，手腕稍外展，球拍松握，拇指顶住拍柄的内侧宽面，推球时，当前臂往前伸的同时外旋，手腕由稍外展到伸直抖腕，中指、无名指、小指突然紧握球拍，拇指顶压，向前挥动将球推出，触球托的后部。击球后，身体还原至准备姿势。

（3）搓球

搓球就是运用快速上网步法，采用"搓""切"的手法将网前球在摩擦力的作用下让球快速地飞行，这样让球落在对手的网前。

正手搓球动作方法：击球前动作同放网前球。击球时，在球拍举至最高点时前臂稍外旋，手腕由后伸至稍内收与网前击球前期动作一致。击球时，加快挥拍速度，体现"搓切"的动作，击球的右下底部，使球翻滚过网。击球后还原成准备姿势。

反手搓球动作方法：移动到位，反手握拍，前臂稍上举，手腕前屈至网高处，使手背高于拍面。搓球时，主要是用小臂的外旋和手腕内收并外展的合力，搓击球托的右后侧底部，使球侧旋滚动过网，击球后还原成准备姿势。

（4）扑球

当对方回击的球过网的弧线较高时，抢高点将球向对方场区下方扑压过去的球称为网前扑球，这可以被看作近网前区域内的一种杀球，它是前场进攻直接得分的一种重要手段。

正手扑球动作方法：左脚先蹬地随后右脚发力蹬跃，使身体向球网右侧腾空跃起，球拍正对来球。同时前臂前伸稍外旋，腕关节后伸，放松握拍。击球时，前臂带动手腕和手指快速抖动发力。如球离网带上沿较近，可采用手腕从右向左将球压下的"滑动"式扑球方法，避免球拍触网犯规。击球后，要控制身体重心，球拍随惯性回收至准备姿势。

反手扑球动作方法：右脚跨至左前蹬跳上网，身体向右侧方向进行前倾，反手握拍上举向左前上方进行击球。这时手臂伸直并外旋，拇指顶压拍柄上端，击球后，落地缓冲，回收球拍于体前。

2. 中场击球技术

（1）半蹲快打

半蹲快打拥有主动进攻、快速的特点，一般是在球将要落在球场中间的位置上的时候进行运用，所以经常是用在两人双打的比赛中。

动作方法：两脚平行站立或右脚稍前站立于中场，呈半蹲姿势，右手持拍上举，击球时前臂向前带动手腕抖动爆发式力量击球，拍面稍下压。并要随时跟进争取在身前较高部位将球平击入对方场区。击球托的后部，击球后，随惯性回收呈准备姿势。

（2）中场平抽球

正手平抽球动作方法：移动到位，最后一步右脚向右侧跨出，侧身对网，上体向右侧倾，重心在右脚上，右臂侧上摆，前臂稍外旋，击球时主要靠前臂带动腕部由下往右侧平地抽压，抖动挥拍。击球后，右脚蹬地，身体重心置于两脚之间。

反手平抽球动作方法：移动到位，最后一步左脚向左侧方跨一步，重心落于左脚，后脚脚跟提起，右臂屈肘，肘部稍上抬，小臂内旋，手腕内屈，引拍至左肩后。击球时，右脚蹬地，髋关节向右转动，臂在挥拍时外旋，手腕内屈到伸直抖动。挥拍击球托的后下部，击球后，球拍回收至胸前，身体重心置于两脚之间。

3. 后场击球技术

后场击球技术也被称为高手击球技术，这项技术中主要包含击高球、吊球和杀球三种。对比赛进行观察我们就会发现，比赛场地的后半部分是比赛双方重点争夺的地方，由此，我们就可以发现运动员掌握后场击球技术是十分重要的。

（1）后场平高球

后场平高球就是一种让对手通过起跳也无法够到的进攻型高球，这种高球有速度快与攻击性强的特点，所以在合适的时机运用这种战术，可以有效地将对手调动起来，使自己处于主动的状态，从而让自己拥有进攻的机会。

后场击平高球技术有正手、头顶和反手三种击球法。其动作要领与后场正手、头顶和反手击高远球技术的动作要领基本相同，不同之处是引拍、击球动作较高远球小而快，击球的瞬间应运用前臂内旋带动手腕的充分闪动，快速发力以比击高远球仰角稍小一些的正拍面将球击出。要求发力击球的时间更短，爆发力更强，突然性更大。

（2）后场击高远球

后场高远球是将对方击至本方后场端线附近的球回击得又高又远，落至对方端线附近的一种球。它包括后场正手、头顶和反手三种击法。

正手击高远球动作方法：首先要准确地判断出来球的方向和落点，迅速移动到位，使下落的球处于右肩的前上方，同时，侧身左肩对网，重心在右脚上，右臂屈肘自然举拍于右肩上方，左手自然高举，眼睛看球，待球下落到合理的击球高度时，右脚蹬地转髋，同时右臂以肩关节为轴，向前转动成肘关节朝前并高于肩部，拍头向下。球拍贴背与地面垂直，放松握拍。然后在蹬地、转体收腹的协调用力下，大臂带动小臂向前上方甩腕，在手臂伸直的最高点上击球，击球时重心向上。击球后，手臂顺惯性将球拍挥至腋下并收拍至体前。同时重心顺势向前，右脚自然向前跨出呈准备姿势。

头顶击高远球动作方法：首先球拍击球的位置是在头顶的上方。要领与正手的高远球基本一致，击打球的位置在偏左的位置上。击球之前，身体侧身向左倾斜稍后仰，球拍绕过头顶后，从左上方向前加速摆动。击球时，小臂内旋带动手腕突然发力形成鞭打将球出击。落地时，左腿向左后方摆动，顺着惯性向中心位置回动。

反手击高远球动作方法：当球飞向左场区的底线附近，击球者用正手击球无法移动到位时则采用反手击高远球。判断来球的方向和落点，迅速移动到位，右脚前交叉跨到左侧底线附近，背对网，重心移至右脚上，使球处于右肩的前上方。肘部上抬略高于肩，拍面朝上。击球时，以肘关节为支点，前臂带动手腕，通过手腕的抖动和拇指的侧压，自下而上甩臂将球击出。同时左脚支撑右脚蹬跨回收，使整个击球动作协调而又自然反弹。击球后，顺势转体面向球网，迅速返回中心位置，准备还击。

（3）杀球

杀球有力量大与速度快的特点，因此在比赛中很多的运动员都运用这一手段，具体来说，这一技术就是在球场的中场与后找尽量高的击球点，通过高的击球点对将球在后场扣压下去。

后场正手杀球动作方法：首先移动到位，侧身屈膝重心下降，准备起跳。起跳时，右肩上提，球拍上举，起跳后，右上臂经右后上摆，身体后仰呈反弓形在空中收腹用力，前臂全速往前上挥动，手腕充分后伸。击球时，前臂内旋，手腕快速闪动发力杀球。击球后，迅速回收球拍向中心位置回动。

后场头顶杀球动作方法：其动作要领和准备姿势与头顶击高远球基本相同，只是头顶杀球起跳步子更大些，起跳后身体后仰的幅度也更大些。击球时，要集中全力向直线或对角方向下压。为了在空中保持身体的平衡，两腿在空中分开得也较大。击球后，顺着惯性回到中心位置。

反手扣杀球动作方法：通过观察发现，反手扣杀的挥拍力度比其他的挥拍力度都大。击球瞬间握紧拍子快速外旋和后伸，击球托之后部，线路是直线向下。

（4）吊球

吊球将对手打来的后场高球回击到网前球，具体来说就是将球打到过网后就快速下落，落在对手发球线与球网之间。

正手吊球动作方法：击球准备和前期动作同正手高球。只是击球时拍面稍向内倾斜，手腕做快速切削下压动作，击球托的后部和侧后部。若吊斜线球时，则球拍切削球托右侧并向左下方发力；若吊直线球，则拍面正对前方向下方切削。

反手吊球动作方法：反手吊球准备动作与反手击高球相同，只是击球时，握拍的方法不同，拍面的掌握和力量的运用有所区别。吊直线球时，用球拍反面切削球托的后中部将球击出，落点在对方右场区前发球线附近；吊斜线球时，用球拍反面切削球托的左侧部将球击出，落点在对方左场区前发球线附近。

头顶吊球动作方法：头顶吊球准备动作与击头顶高球相同。只是击球时，击球点要稍靠前些，头顶吊直线球时，击球的瞬间前臂突然往前下方挥拍，球拍击球托的正中部位，使球朝直线方向飞行过网后即下落；头顶吊斜线球时，击球瞬间，前臂突然反腕往前下方挥拍，以斜拍面击球托左侧部位，使球向对角方向飞行过网后即下落。

（四）步法

羽毛球运动的步法就是为了让运动者能够在比赛当中可以快速、合理地移动，所以运动员将这一技能掌握好是十分重要的。

步法大致分为三大类，一是上网步法；二是后退步法，三是中场步法。在实践中常运用跨步、垫步、蹬步、并步、交叉步、腾跳步等综合步法。

1. 上网步法

根据上网时脚步移动方法的区别，上网步法可分为垫步上网、跨步（又称交叉步）上网、和蹬跳步上网。不论正手或反手，根据来球远近，上网步法可采用三步、两步或一步上网击球。

（1）垫步上网

准备姿势同跨步上网。右脚先迈一小步，左脚随即垫一小步靠近右脚跟（或后交叉迈小步），并用脚掌内侧起蹬，接着右脚迅速向前跨大步上网（着地后要求同跨步上网）。击球后用并步或交叉步退回中心位置。

这种上网的方法有速度快的特点，可以让自己在被动的时候快速调整身体的重心，所以我国羽毛球运动员中经常使用这项技术。

（2）跨步（交叉步）上网

站位于球场中心稍靠后，两脚左右开立。右脚略前，上体稍前倾，两眼注视对方击球。当对方吊网前球时，在对方击球瞬间，脚跟提起轻跳并迅速调整重心至后脚以协助快速起动。左脚迈一小步，用脚掌内侧起蹬，右脚向前跨大步，以脚跟和脚掌外侧着地滑步缓冲，脚尖外斜，右脚屈膝呈弓箭步，左脚随即向前挪动，以协助右脚回蹬。击球后用并步或交叉步退回中心位置。如果对方来球较近，可用左脚蹬地随即右脚跨一大步上网。

（3）蹬跳步上网

蹬跳步上网通常情况下是用在扑球的时候，所以动作要领是击球点应该在网顶上空，因此运动员要在比赛当中争取提早击球，这时才能在比赛当中起到突击的作用。在做好扑球思想准备的基础上，并判定对方发或放网前球时，右脚稍向前，脚一点地便起蹬，侧身扑向网前（或左脚蹬地扑向网前），当球飞至网顶即行扑击，在触球的同时右脚先着地，左脚随身体惯性在右脚后着地，并立即退回中心位置。

2. 后退步法

后退步法有向右后场区后退和向左后场区后退两种。向右后场区后退步法一般是正手击球的后退步法，向左后场区后退步法分为交叉步后退头顶击球步法和反手击球后退步法等。

后退步法移动前的动作和站位与上网步法相同。

（1）正手后退步法

正手后退步法中包含交叉步后退，具体来说动作要领是右脚要向后撤退一小步，然后左脚向身体的后面交叉的后退一步，通过移动右脚来到达接球的位置。

除此之外，正手的后退步法中还有侧身并步后退步法，动作要领具体来说就是在击球之前就已经将脚跟轻轻跳起，然后快速将身体的重心调整到右脚。这时右脚蹬地向后撤退一步，上身右转身体的侧面对着球网，这时左脚快速靠近右脚，右脚快速移动到球要落地的位置，同时做好手部的动作，当球到达身体右肩的部位时，抬手击球，击球后通过并步等方式回到原先的位置动作上。

（2）反手后退步法

反手后退步法的动作要领具体来说就是在身体调整重心之后，自己的右脚向后撤退一步，然后同时上肢身体向左旋转，这时左脚向后撤退，右脚跨开，在球落点的底线位置进行反手击球。但是需要注意的是，当球来的较近的时候我们可以采用两步后退法，具体的动作要领是身体向左后方旋转，左脚向后撤退一步，右脚向左跨步，调整重心使身体保持平稳状态，在球落下的底线进行击球；当球来的距离自己较远的时候，我们可以采用五步后退法，动作要领与两步后退法差别不大，总得来说不管是距离远还是距离近，不管是几步，动作最后的重心都是落在右脚上。

（3）交叉步头顶后退步法

交叉头顶后退法的动作要领与正手后退法大致相同，只是在动作的幅度方面有些许的不同。具体来说，就是左脚向左侧进行交叉后退，右脚向球来的方向进行移动，同时原地跳起进行击球。

3. 中场两侧移动步法

在应对对手打来的杀球与半场低平球的时候大多采用中场两侧移动步法，具体动作要领与上步网法差别不大，具体来说，中场两侧移步法包含左侧移步法与右侧移步法。左侧移步法就是根据来球的方向，调整身体的重心，将身体向右侧偏倒，右脚蹬地，当球与自己距离较远的时候可以将右脚向左侧交叉进行大跨步进行击球。右侧移步法就是将两只脚左右站立，脚跟稍稍向上提起，同时根据来球的方向，快速的调整重心将身体向左侧偏转，左脚用力起蹬进行击球。

三、羽毛球运动战术训练方法

（一）单打的基本战术

1. 发球抢攻战术

发球抢攻战术就是让自己在比赛过程当中获取主动位置，创造有进攻的机会，具体来说，就是根据对方的站位、击球的路线以及对手当时的心理状态来有意识的进行变化复杂的发球，让自己在发球的时候在比赛中处于有利位置，抢攻战术一般是使用发平射球与发后场球等方法，让自己在第二次接发球的时候就处于主动位置。

（1）发平射球

发平射球的方式主要是使用在对手运动员的羽毛球技术还有待提高的时候，这时对手运动员身体反应活动还较慢，所以向他发球时容易让其感受到措手不及，我们就有机会让自己处于主动的位置，向对手发起进攻。

（2）发网前球

在运用发网前球的时候，我们要注意在发球之前观察对方的站位，一般会在以下两种情况中使用：第一，当对手站在球场偏后的位置时，我们可以运用这种方式；第二，当对手的身体反应能力较低、动作的移动速度较慢的时候，对手的接法球质量都不高，所以会造成对手因为来不及接球而造成失误。

（3）发后场高远球

发球前观察对方的站位，如果对方站位稍靠前场的话，通过发后场高远球把球发到对方的后场底线，迫使对方匆忙后退，回球不到位，我方伺机抓住机会进行杀球或吊球，致使对方出现失误。

2. 下压进攻控制网前战术

下压进攻控制网前战术是以快速、凶狠的进攻，在速度、力量上压住对方。其特点是先以不同速度、力量的吊球、劈球、点杀、轻杀、重杀将球下压，创造机会上网，再以搓球、推球、勾球控制网前，将对方的注意力吸引到前场，再配合平高球突击对方底线，创造中后场的进攻机会，全力发起进攻。这种战术对付个头高、脚步移动迟缓、网前出手慢、接下手球吃力的选手较为有效。

3. 逼反手战术

逼反手战术是在发现对手后场反手击球的进攻性不强，反手回球的能力比较弱，球路也比较简单的时候，可以通过调动对方使其反手区露出空当，再把球打到其反手区，逼迫其使用反拍回击球。例如，通过吊对方正手网前，再以平高球攻击其反手区，经过重复逼其反手区后迫使对方远离球场中心位置，然后突然吊对角网前球，致使对方出现失误。

4. 四方球战术

四方球战术是利用高远球、平高球、吊球、挑球、搓球、推球以及发高远球、发网前球等技术准确地将球击到对方前、后场的四个角，调动对方前后左右奔跑，致使其来不及回中心位置或身体失去重心，出现回球质量不高或出现空当，我方抓住空当和弱点进行突击进攻。这种战术对付步法移动慢、技术不全面、体力差、情绪易于急躁的对手较为有效。要求击球时落点角度大、稳和准，线路变化多，才能取得好的效果。

5. 压后场战术

压后场战术是通过采用高球、平高球、推球等技术反复地将球压到对方后场底线附近，特别是对方的反手后场区域，造成对方处于被动，然后我方再以快吊或突击点杀进攻前场空当。这种战术一般用于对付初学者或技术不熟练、后场还击能力不强、后退步法较慢和急于上网的对手较为有效。

6. 打对角线战术

这种战术无论是进攻还是防守均以打对角线为主。它用于对付身体灵活性差、转体较慢的对手。由于对方灵活性差、转体慢，来回左右两侧奔跑易使对方重心不稳而被动失误，为自己创造进攻机会。

7. 攻前击后战术

这种战术是先以吊球、放网前球、搓球吸引对方到网前，然后用推球、平高球或杀球突击对方的后场底线。它一般用于对付上网步法较慢或网前球技术较差的对手。采用此战术，要求运动员首先具有较好的网前击球技术。

（二）双打的基本战术

1. 发球和发球抢攻战术

发球时以发网前 1 号位或 2 号位区域为主，在发近网球时，要针对对方接发球的习惯或薄弱区域，结合发一些平快球或平高球，以求在发球方式上进行变化。值得注意的是，在实施发球和发球抢攻战术的时候，一定要提高发球的质量，因为发球质量的好坏直接影响到战术行动的主动与被动，高质量的发球，有利于控制场上的主动权，为发球后的抢攻创造条件，对获得回合的胜利有着重要的意义。

2. 攻人（二打一）战术

运用这种战术时有两种方法：一种方法是主要集中力量攻击对方能力较差的一人，不让其有调整的机会；另一种方法是采用先盯住弱者攻几拍后突然改攻强者一方，因为强者总想保护弱者，注意力集中在弱者一方，此时再反过来进攻强者反而奏效。

3. 接发球战术

接发球战术是接发球员根据自己在左场区或右场区的接发球优势来处理接发球的行动。在运用接发球战术的时候，首先要很快地判断对方发出的是一个什么样的球，然后运用自己擅长的技术采取行动。如果对方发的是近网小球，那就应果断地快速上网进行扑杀；如果上网不及时、不能扑杀的话，就要争取向网的两侧进行搓球，迫使对方挑球；如果不能进行挑球的话，就对准对方的身体进行快速推球，或往后场两侧底线挑球，迫使对方来不及移动或被动接球。在运用接发球战术的时候，一是要贯彻快字当头，以稳为主，"狠变"结合的指导思想；二是要根据对方发球质量的高低来合理运用接发球战术。如果对方发球质量高，就应该采用过渡的技术去处理接发球，然后通过封住对方的回球路线以争取主动；如果对方发球质量不高，就应该抓住这一有利时机采用快速扑两边、扑中路、轻拨两边半场、扑中路半场的办法争取主动或直接得分。

4. 攻直线战术

即攻球路线和落点均为直线，没有固定的对象，只依靠杀球的力量和落点来控制对方。当对方的来球靠边线时，攻球的落点在边线上；当对方的来球在中间区时，就朝中路进攻。这个战术的使用较易记住和贯彻。杀直线球虽然难度高一些，但效果不错，便于网前同伴的封网。

5. 攻半场战术

攻半场战术是攻中路战术的另一种方式。当对方采用一前一后站位进攻时，我方应将球击到对方两人前后之间靠近边线的位置（即球场的两腰位置），也会造成两人抢接和漏接现象，对手即使把球应付过来，也会因回球的质量差而遭到致命的攻击。这种战术也是用来对付两人配合较差和接半场球处理不好的选手较为有效。

6. 攻中路战术

这种战术不论对方把球打到什么地方，我方进攻的落点都是集中在对方两人的中间或在中线上。如果对方一左一右分边平行站位防守时，我方就把球攻到对方场地中线附近或对方两人之间的空当区域，造成对方互相争抢击球，或两个人相互让球而出现漏接现象。这种战术用于对付两个人配合较差的选手较为有效。

7. 守中反攻战术

守中反攻战术是用来对付后场进攻能力弱，或是为了消耗对方体力而采用的一种战术。通过压对方后场底线两角，诱使对方在左右移动中进攻，也就是对方攻直线球，我方挑对角线高球，对方攻对角线球，我方回直线高球，以坚固的防守伺机反攻，争取比赛的主动权，后发制人。其前提条件是运用守中反攻战术的一方必须具备较强的防守能力，能守住对方的进攻才行，具体方法有以下三种：

（1）压两底线伺机反抽

通过挑高球或平推球压对方两底线，但要注意对方杀球的质量，一旦抓住质量较差的杀球（速度慢、弧度较平）要用平抽球反击对手底线，对方杀直线我方要抽斜线，对方如杀斜线我方就抽直线，随之两人准备好迎击对方回击的平抽球，这样就能由被动变成对攻形势。如果对方接我方的平抽球不还击平抽球而回底线或挡网前，我方可以由一左一右的防守站位形式转换成进攻的一前一后站位形式，并猛攻对方空当和弱点。

（2）挑或推两底线

防守中如对方是杀球，我方在接杀时把球挑回对方底线，对方杀直线，我方就挑斜线，对方若是杀斜线，我方就挑直线；如果对方是吊球，我方采用同样方法，能推则推，不能推就挑，使对方的进攻者在底线两角来回奔跑，消耗其体力，迫使对方放弃进攻，然后我方伺机反攻。

（3）接杀球或吊球放网前

防守时反复压对方两底线，会使对方站在网前封网的队员思想放松而封网不紧，此时要抓住机会接杀球或吊球放网前，并迅速封网，由防守的一左一右站位形式转换成进攻的一前一后站位形式，积极主动攻击对方。

8. 后攻前封战术

后攻前封战术是双打比赛中最常见的进攻战术。当我方取得主动攻势时，后场队员逢高必杀，不断变换杀球路线，并配合运用吊球，打乱对方的防守阵脚，前场对员则在网前积极移动封网。运用这种战术时要注意的是，我方后场队员在后场大力扣杀直线球时，位于网前的同伴应注意封堵直线网前球，当我方后场队员在后场扣杀斜线球时，位于网前的同伴要有意识地移动去捕捉球，移到与杀球落点在一直线位置的半场区域站位，准备封对方的直线网前球。

（三）固定战术

把几项基本技术根据战术要求组织起来，按固定线路反复练习，由于球路固定，重复次数多，能使动作连贯和提高击球质量，并形成不同的战术基本球路。初学者一般采用这种方法掌握简单的战术球路。但这种练习方法必须与其他方法配合进行。球路的组合可以有很多，要注意其实战意义。

1. 高吊战术类配合练习

在训练中可安排直线高球吊对角球路练习、直线高球吊直线球路练习、对角高球吊对角球路练习、对角高球吊直线球路练习，以熟悉高吊球路，为高吊战术打下基础。

（1）直线高球吊对角练习法

练习双方均可同时练习直线高球和对角吊球、上网放网和直线挑高球，乙方回击直线高球，甲方也回击一直线高球，乙方吊一对角球，甲方放一直线网前球，乙方挑一直线高球，甲方回击直线高球，乙方再回击一直线高球，甲方吊一对角线球，乙方放一直线网前球，甲方挑一直线高球，回复至开始。这样反复进行下去，可把这几项基本技术综合在一起练习。由于球路固定，失误会减少，是提高和熟练高吊基本技术的一种方法。发球者也可从左边发球，顺序也是一样的。

（2）对角高球直线吊球练习法

甲方由右场区发高远球，乙方回击对角高球，甲方也回击一对角高球，乙方吊一直线球，甲方放一直线网前球，乙方挑一直线高球，甲方回击一对角高球，乙方再回击一对角高球，甲方吊一直线球，乙方放一直线网前球，甲方挑一直线高球，乙方回击对角高球，反复进行下去。发球者也可从左边发球，顺序也是一样的。

（3）对角高球对角吊球练习法

甲方从右场区发高远球，乙方回击对角高球，甲方吊对角线球，乙方挑直线高球，甲方回击对角高球，乙方吊对角线球，甲方挑直线高球，反复进行下去。发球者也可从左边发球，顺序也是一样的。

2. 高杀战术类配合练习

分为直线高球杀对角球路练习、直线高球杀直线球路练习、对角高球杀直线球路练习、对角高球杀对角球路练习。

（1）直线高球杀对角球练习

练习者双方均可同时练习直线高球和对角杀球，以及挡球和挑球，具体球路与直线高球对角吊球一样。如发球者从左边发球，球路也是一样的。

（2）对角高球直线杀球练习

具体球路与对角高球直线吊球一样。

（3）对角高球对角杀球练习

具体球路与对角高球对角吊球一样。

3. 杀球上网战术类

可分为杀球直线上网前搓直线球路练习、杀球直线上网前推对角球路练习、杀球直线上网前勾对角球路练习。

以上列举的均以挑球一方以挑直线球为例，如果挑球方挑对角球。那么具体的固定球路又有不同。总之，固定球路可根据练习需要设定，以上列举的只是其中几种，可根据练习需要改变练习方法。

（四）半固定战术

在训练中只对训练的基本技术组合有固定要求，而对击球路线和落点不做固定的要求，使球路有变化余地，更接近实战要求。这是在固定战术的基础上发展起来的训练方法。

1. 高吊战术类

在进行这种训练时，进攻者只能使用高球或吊球来控制对方，创造半场主动机会。例如，二点打四点、高吊对攻等都属于高吊战术类，更接近实战要求。

2. 高杀战术类

在进行这种训练时，进攻者只能用高球或杀球来进攻，并且不超过二三拍就杀球，以强化杀球进攻意识。如高杀与接高杀，一攻一守，轮流交换及高杀对攻的训练。

3. 吊杀战术类

在进行这种训练时，进攻者只能采用吊球或杀球的技术。如吊杀训练法，一方进攻采用吊杀技术，一方接吊杀练防守技术，不固定其直线或对角，也不固定吊的次数与杀的次数。又如吊杀对攻训练法，双方都可利用吊杀来进攻，上网要快才能控制主动权，不然很快会失去主动权被对方进攻。

4. 杀球上网战术类

杀球不规定直线或对角，上网之后也不规定搓、推、勾、挑球。这种训练对进攻者而言，可提高运用杀球及搓、推、勾、挑球技术的熟练程度，而防守者也增加了防守难度。

5. 吊球上网战术类

与杀球上网战术类要求基本相同。

6. 高、吊、杀球战术类

一方提高全面进攻能力，另一方提高全面防守能力，也称为攻守训练法。又如高、吊、杀对攻训练法，双方都可以抢先进攻，接近于实战训练。

（五）不固定战术

1. 不固定高吊练习法

这是一种综合高吊练习的高级阶段，主要是采用"二点打四点"或"四点打二点"，练习者主要是站在自己球场中心点上向左右后场两边移动，采用高球或吊球控制对方，而对方只能回击到练习者一方后场的两边。对对方来说是训练快速移动接高吊的能力；对二点打四点高吊的练习者，则是练习高吊手法一致性的较好方法；对四点打二点接高吊的练习者，则是练习控制全场能力的较好方法，可提高快速判断，控制对方两底线及全场的快速移动能力。

2. 不固定高杀练习法

（1）高杀对接高杀抢攻练习法

双方均可采用最高杀球练习，这是一种强攻练习法，既练高杀技术，也练抢攻意识。

（2）高杀对接高杀练习法

练习高杀者可任意打高球（如平高球、平快球），如对方打高球接高杀者，也得还击高球；如对方打杀球，可挡直线或对角网前，练习者可上网放网，接高杀者再挑至底线高球。反复练习，这种练习一方是采用高杀进攻，另一方是接高杀全场防守。一段时间后再交换练习。

3. 不固定吊杀练习法

（1）吊杀对接吊杀抢攻练习

双方均可采用吊球或杀球，这是一种抢攻练习法，既练吊杀技术，也练抢攻控网意识，是一种高水平的进攻练习。

（2）吊杀对接吊杀练习法

练习吊杀者可任意打吊或杀，如对方打吊球，接吊杀者要回击高球；如对方打杀球，可挡直线勾对角球，此时，练习者上网放网，接吊杀者再挑高球，反复练习，这种练习一方是练习吊杀上网进攻，另一方是练接吊接杀防守练习，过一段时间后交换练习。

4. 高、吊、杀配合练习法

采用高、吊、杀综合练习已到水平较高的发展阶段，故不必采用固定球路的练习，一般采用不固定球路练习。在形式上可采用以下几种办法：

（1）全场高、吊、杀对接高吊杀练习法

一方练高、吊、杀，另一方接高、吊、杀，难度和强度均较大。这种练习法基本接近实战。练习进攻时可用高球、平高球、吊球、劈吊球、杀球、抽球，在网前可用放网球、搓球、推球、勾球。而接高、吊、杀者可练习防守高球、挑球、挡球、勾球，全部基本技术都可练习到，因此是一种最好的综合技术练习法。

（2）高、吊、杀对攻练习法

双方均可采用高吊杀、抽、推、勾控制对方，而对方则应想方设法守中反攻，因此，是一种难度和强度均较大的攻守练习。

（3）半边场地高吊杀综合练习法

即在半边场地上进攻一方以高球（平高球或平快球）、吊球和杀球进攻对方，反手方以挡、挑、放网来防守，这样一方练进攻技术，一方练防守技术，由于场地范围小，便于防守和进攻。因此，初学者常采用这种练习法。

（六）多球战术的教学与训练

多球战术训练是一种行之有效的战术训练方法。它可以根据固定战术球路，连续不断地供球，并改变速度、力量、落点，也可无规律地根据战术需要供球，这样不仅可以强化战术意识，而且还可以作为加大训练强度和密度、加大运动负荷的训练方法。

多球战术训练中应注意以下几点：

一是掌握好运动负荷的控制。一般采用定量方法进行，随着训练水平的提高，逐步加大运动负荷。

二是随着训练水平的不断提高，增加供球的难度，加强供球速度、落点、弧度、力量的变化。

三是多球训练不能取代战术训练，因此，应安排一定时间进行正常的战术训练。这不但可以弥补多球战术训练的不足，还可以防止一些不利因素的影响。

四是要掌握好固定球路、半固定球路、无规律球路训练的合理安排，注意循序渐进的原则。先固定球路，再半固定球路，最后无规律球路，并注意多种练习的穿插安排。

（七）多人战术陪练的教学与训练

多人战术陪练是采用两人以上的陪练，以增加攻防的速度、拍数、难度，以及提高攻防的战术训练负荷的一种训练方法。这种练习法在单打中一般较多采用二对一的陪练法，这对提高练习的难度、强度和密度均有好处，如二陪一进行高吊、高杀、吊杀、高吊杀等练习都能收到较好的效果。在双打中常采用 3 对 2 练习攻守，甚至增加至四对 2、3 对 2 的进攻，二人练习反防守，是一种提高反防能力的好练习法。

1. 二一式前后站位陪练法

两人一前一后站位进行进攻，一人防守。进攻的二人在全场区内前后站位，后场的进攻者负责以高、吊、杀等技术进行全面进攻，前场的进攻者负责以搓、推、勾等技术进行进攻。这样可以加强进攻的速度和难度，是提高个人防守能力的一种练习法。

2. 二一式左右站位陪练法

这是一种既适合练进攻，也适合练防守的应用较广泛的训练法，是战术训练中经常运用的训练方法。一人进攻时要按战术线路要求进攻，两人分别负责自己半场区的防守。两人进攻时也要按照教师战术意图进行，不能盲目乱打，而且还击的速度要适合单打的节奏及路线。

3. 二一式对攻陪练法

这是一人对二人的战术训练法，对抗双方在单打场区内采用自己所掌握的各种战术与技术，组织各种球路有意识地在场上进行互相争夺主动权的控制与反控制的训练。这种训练对一人来说难度较大，由于对方是两人，不易获得主动权，对加强练习者场上控制与反控制能力，提高稳妥性，场上反应、起动、回动、前后速度及耐力的水平均有较好的效果。

4. 三二式前后站位陪练法

一方为三人（一前二后），一方为两人，主要练习两人这一方的双打防守及反转攻的战术意识，对提高双打防守己方转攻的能力很有好处。

（八）实战练习及比赛练习法

实战练习比赛训练法是练习者利用掌握的各种战术，以记分的方式进行训练的方法。它是检验练习者战术的有效性和战术的灵活性较为常用的训练手段。练习者通过实战训练，可以根据场上的情况，不断变化自己所采用的战术，达到多种战术配合运用的目的。又可以培养练习者的战术意识，是一种培养练习者战术能力的有效手段。可以说，这种练习法是重点加强结合实战的战术练习和实战比赛、模拟比赛的战术练习；有针对性的战术练习；以比赛计分的方式进行练习；参加各种组织形式、等级的正式比赛。实战练习比赛有以下几种训练方法：

（1）半场区的战术训练比赛

这种方法适用于年龄较小，力量较弱的少年练习者。

（2）全场区对半场的战术练习比赛

这种方法适用于水平悬殊较大的练习者。

（3）采取让分进行的战术练习比赛

这种方法适用于水平有差距的练习者。

（4）采用不换发球（乒乓球式）得分法进行练习比赛

这种方法有利于提高稳妥性。

（5）记时记分练习比赛

羽毛球战术训练的特点是既有规律性，又有随机性。战术训练是综合技术及心智的整体反映。战术训练要求树立正确的战术指导思想，掌握战术知识，培养战术意识，了解和掌握打法的发展趋势及各种战术特点，使所带队员能尽快掌握羽毛球的基本战术，并能很好地运用到比赛中，提高竞技水平。

四、羽毛球运动体能训练方法

（一）羽毛球力量素质训练方法

力量是选手在运动中身体肌肉发力的能力，它是一切运动素质的基础，是羽毛球选手的一项重要素质。

力量素质训练又分为上肢力量、下肢力量和躯干力量三大部分，下面简单介绍各部分一般力量和力量素质的专项训练内容与方法。

1. 上肢力量素质的一般练习方法

（1）上肢 6 项哑铃操练习

用哑铃进行上肢力量训练，是初学者发展力量素质的一种有效方法。根据不同的年龄，使用不同重量的哑铃，选择不同的练习负荷。重量大，负荷次数少，完成动作的速度稍慢；重量小，负荷次数可以增加，完成动作的速度相对加快。哑铃的重量通常有 3、5、7、10 磅不等

上肢哑铃操可采用两种负荷方法完成训练：一种负荷是采用重量较大的哑铃，以上 6 项练习内容的每一项做 1 组，连续完成全部 6 项内容为 1 大组，每大组间歇 2~3 分钟，共练习 3~6 大组。另一种负荷是选用重量较小的哑铃，6 项练习内容中的每一项都做 3 小组，每小组间休息一定时间，逐步完成 6 项内容。但以上方法仅供参考，实际训练中应酌情而定。

（2）上肢静力性练习

运用负荷重量小的哑铃，做静止力量练习，目的是发展各大肌肉群的绝对力量。

哑铃体侧静力平举练习。

哑铃体前静力平举练习。

手腕静力对抗性练习。

肩臂静力支撑练习。

静力性练习的时间可视个人具体情况的不同采用 30 秒、1 分钟或数分钟不等。

（3）上肢 15~20 公斤杠铃练习

利用杠铃发展上下肢动作协调能力和爆发力量。

提铃抓举练习。

前臂体前屈伸练习。

前后分腿跳挺举练习。

卧推举练习、背卧撑练习、俯卧撑练习等。

杠上练习：包括单杠引体向上练习；双杠直臂静力支撑练习；双杠屈臂撑练习等。

2. 下肢力量素质的一般练习方法

（1）跳跃练习

初学者发展下肢力量，一般采用各种姿势的跳跃练习方法。如果要增加负荷，则可采用沙衣或沙袋。

蹲走练习。

全蹲向上跳练习。

收腹跳练习。

纵跳摸高练习。

单腿蹬跳高凳或台阶练习。

双脚跳越障碍物练习。

（2）下肢杠铃负重练习

利用杠铃来发展下肢肌肉群的绝对力量和爆发力量。

半蹲起跳（注意脚弓的蹬地爆发力）练习，

全蹲起练习，

提踵练习，

静力半蹲练习，

弓箭步跨步练习，

双脚或单脚前后左右蹬跳练习。

（3）力量练习游戏

运用游戏的形式进行力量练习，以增加练习的趣味性。

推小车练习：俯卧撑地，两腿由同伴抬起当作小车的扶把，以两手支撑身体向前爬行。

爬走练习：俯卧，除手脚着地外，身体的其他部分不许触地，向前快速爬行。

大象走练习：模仿大象四肢着地的动作，以同侧手脚同时迈第一步，再换异侧手脚同时迈第二步，以此方法进行练习。

（4）发展局部肌肉练习

设计一些针对性较强的动作，以发展局部小肌肉群的力量。

①发展股二头肌力量：直立或成俯卧姿势，双手扶持一坚固物，脚踝负重。双腿或单腿后屈呈90度，反复练习一定次数，再更换另一条腿持续反复练习。

②发展股四头肌力量：坐在凳子上，脚背负重，双腿或单腿由弯曲到抬举伸直，反复持续练习一定数量。

③发展大腿的内、外侧和腰部肌肉的力量：直立，两手叉腰，脚背绑上沙袋重物，大腿带动小腿做前、后向或是侧向快速交叉摆腿动作。

（二）羽毛球运动速度素质训练方法

速度素质指选手在运动中所表现出来的快速运动能力，通常表现为反应速度、动作速度和位移速度等不同形式。速度素质的好坏取决于中枢神经系统的节律转换的调节能力和肌肉的力量。

速度素质训练可分为反应速度、动作速度和位移速度等部分，下面简单介绍各部分基础速度和速度素质的专项训练的内容与方法。

1. 反应速度

（1）听口令转身起跑练习

背向起跑线，可以采用蹲踞式、坐式或站立式等各种起跑姿势，当听到口令后立即转身起动向前冲刺跑。

（2）看手势起跑练习

以手势代替起跑口令，看到手势后立即起动向前冲刺跑。

（3）视听信号变速冲跑练习

慢跑中听到或看到信号后立即向规定的方向冲刺跑，再次得到信号后恢复慢跑，第三次得到信号后又开始冲刺跑，反复进行练习。

2. 动作速度

（1）下坡冲跑练习

选择平坦、有一定倾斜度的坡，进行短距离下坡冲跑练习，强迫步频转换速度。

（2）快速超越障碍物练习

以规定的动作方式，快速迂回绕过 60 米距离中放置的障碍物。或以快速跨越动作越过有一定高度的障碍物。

（三）羽毛球运动耐力素质训练方法

羽毛球选手的耐力素质是指选手长时间持续进行运动的能力，也称抗疲劳及疲劳后快速复原的能力，或坚持激烈活动的能力。

1. 各种中等距离或长距离跑步练习

（1）400 米、800 米快速跑步练习

保持一定的速度，发展速度耐力。

（2）1000~5000 米不等长距离跑步练习

基础耐久能力训练。

（3）长距离变速跑练习

在相当距离内，如 2000 米、3000 米或 5000 米以上，采用快慢交替的训练方式，进行变速跑步练习。

（4）越野长跑练习

在郊外，规定一定的时间和距离，进行长跑练习。

2. 各种上下肢和躯干力量耐力练习

参考力量素质练习中上、下肢和躯干力量的练习内容，依据不同的具体情况，采用小重量、多次数的方法进行练习，以发展力量耐力。

参考文献

[1] 吉丽娜，李磊著．高校体育教学与训练理论实践探究 [M]．北京：地质出版社，2017.06.

[2] 马鹏涛著．高校体育教学改革创新与科学化训练研究 [M]．北京：新华出版社，2018.03.

[3] 张胜利，邢振超，孙宇著．高校体育教学与科学训练 [M]．北京：九州出版社，2015.01.

[4] 张红玲编著．高校学术文库体育研究论著丛刊乒乓球教学与训练 [M]．北京：中国书籍出版社，2019.04.

[5] 高校体育教学训练有效性的路径构建 [M]．北京：光明日报出版社，2016.05.

[6] 闫国强．浅谈高校体育教学 [J]．百科论坛电子杂志，2020，（第 18 期）：1612.

[7] 段美玲．高校体育教学中的方法 [J]．河北画报，2021，（第 2 期）：187.

[8] 卢闪闪．民办高校体育教学研究 [J]．青春岁月，2020，（第 24 期）：36-37.

[9] 冉世宇．高校体育教学内容的改革 [J]．百科论坛电子杂志，2020，（第 15 期）：1812.

[10] 魏星临．浅谈高校体育教学改革 [J]．青春岁月，2020，（第 14 期）：140.

[11] 付竹．中外高校体育教学模式比较 [J]．冰雪体育创新研究，2022，（第 2 期）：107-109.

[12] 杨广波．高校体育教学的问题与对策 [J]．年轻人，2020，（第 11 期）：51.

[13] 左晓瑛．高校体育教学改革探讨 [J]．福建茶叶，2020，（第 1 期）：150.

[14] 韩辰光．高校体育教学改革 [J]．社会科学 (引文版)，2018，（第 1 期）：

132.

[15] 郭家骏，于欣慈．高校体育教学管理创新与发展思考 [J].长春师范大学学报，2022，（第 5 期）：189–191.

[16] 张伟．"互联网+"在高校体育教学中的应用 [J].黑龙江科学，2022，（第 13 期）：153–155.

[17] 孙永武．面向终身体育理念的高校体育教学 [J].运动休闲（大众体育），2021，（第 7 期）：92.

[18] 王孝宇．高校体育教学对体育游戏的应用 [J].灌篮，2021，（第 31 期）：83–84.

[19] 庞梅．高校体育教学管理模式探讨 [J].中外企业家，2021，（第 4 期）：237.

[20] 吕晓龙．试论高校体育教学的困境和出路 [J].田径，2021，（第 12 期）：70–71.

[21] 熊晓宇，王肖，熊琪宇，聂家奇，许颢龄，李道，王素青．高校健康素养课程体系建设探索——以武汉大学健康教育通识课程群为例 [J].西部素质教育，2021，（第 20 期）：71–73.

[22] 沈艳．大学健康教育与心血管疾病危险因素的早期预防探究 [J].心血管外科杂志（电子版），2018，（第 1 期）：197–198.

[23] 周萍，吴迪，叶宇．浅谈大学健康教育 [J].中国科教创新导刊，2012，（第 31 期）：141–142.

[24] 杜国如，罗赤平，罗小平等，对大学健康教育体系的研究 [J].中国体育科技，2003，（第 3 期）：6–8.

[25] 杜国如．论大学健康教育的改革策略 [J].华东交通大学学报，2003，（第 3 期）：98–101.

[26] 郭晨晨．21 世纪以来我国高等体育院校本科专业设置与调整剖析 [D].北京：首都体育学院，2016.

[27] 曾鹏．我国体育院校体育教育专业田径专修课程思政开展现状及实践路径研究 [D].武汉：武汉体育学院，2015.

[28] 李程示英．学习强国平台中体育元素的呈现特征及教育价值研究 [D].武汉：

武汉体育学院，2020.

[29] 雷煜曦．网络背景下大学生心理健康课程建设研究 [D]．哈尔滨：黑龙江大学，2017.

[30] 张蕊馨．基于保护动机理论的健康教育对社区骨量减少老年人自我管理行为的效果研究 [D]．蚌埠：蚌埠医学院，2018.